世界的运转解密书

〔法〕让－米歇尔·布依◎著　〔法〕迪迪埃·巴里斯维克◎绘　杨晓梅◎译

北京科学技术出版社

著作权合同登记号　图字：01-2013-1293

图书在版编目(CIP)数据

世界的运转解密书 / (法) 让-米歇尔・布依著 ; (法) 迪迪埃・巴里斯维克绘 ; 杨晓梅译. —北京 : 北京科学技术出版社，2020.8
ISBN 978-7-5714-0919-7

Ⅰ. ①世…　Ⅱ. ①让…②迪…③杨…　Ⅲ. ①社会生活-少儿读物　Ⅳ. ①C913.3-49

中国版本图书馆CIP数据核字（2020）第080531号

世界的运转解密书

作　　者：〔法〕让-米歇尔・布依
绘　　者：〔法〕迪迪埃・巴里斯维克
译　　者：杨晓梅
策划编辑：李心悦
责任编辑：代　艳
责任印制：李　茗
出 版 人：曾庆宇
出版发行：北京科学技术出版社
社　　址：北京西直门南大街16号
邮政编码：100035
电话传真：0086-10-66135495（总编室）　0086-10-66113227（发行部）
0086-10-66161952（发行部传真）
电子信箱：bjkj@bjkjpress.com
网　　址：www.bkydw.cn
经　　销：新华书店
印　　刷：北京宝隆世纪印刷有限公司
开　　本：889mm×1092mm　1/16
印　　张：6.25
版　　次：2020年8月第1版
印　　次：2020年8月第1次印刷
ISBN 978-7-5714-0919-7

定价：59.00元

我们的生活

目　录

我们的社会

我们的社会

目录

我们的世界

1

我们的生活

电影

电影史上的第一部电影《工厂大门》于1895年3月22日问世。在1927年之前，所有的电影都是**默片**！第一部**彩色电影**诞生于1935年，但直到20世纪60年代末期，彩色电影才开始普及。在一个多世纪的时间里，数以万计的电影被拍摄出来。它们的**类型**各异，包括爱情片、动作片、西部片和警匪片等。我们只要认真观察就会发现，这些不同类型的电影其实有一些共同点，那就是都需要极好的创意、优秀的创作团队以及足够的资金支持。

在里约热内卢拍电影！

4
由蒂米提找来的**音响师**、**摄影师**、**灯光师**、**道具师**、**服装师**与**化妆师**组成了强大的**幕后团队**。同时，**演员**要参加由迪阿负责的面试。在选角过程中，**制片人**也会提出自己的意见，因为他们非常了解观众的欣赏口味。

5
拍摄工作持续了好几个月。因为部分情节需要在里约热内卢取景，所以除了**演员**和**幕后团队成员**要去那里，拍摄器材也要被运送过去。这样一来，拍摄成本就会大大增加。

6
拍摄结束了，**剪辑师**保罗与**导演**蒂米提一起将拍摄好的镜头剪接成心目中最理想的电影版本。有时，这个版本的内容会与剧本的内容截然不同！

7
电影公开上映前，**制片人**邀请**记者**前去观看。**记者**的看法很重要，因为一篇好的电影评论可以吸引很多观众走进电影院。

8
哇！《悬疑里约》不但是本年度最卖座的电影，还获得了**奥斯卡**最佳外语片奖！

三维动画片

与电影一样，**动画片**也在不断地进步。近年来，随着**三维建模软件**的诞生，我们可以创作出**立体**的虚拟人物与物品，这是动画产业的一次飞跃。然而，无论一部动画片的**导演**是谁，使用了什么样的技术，它的原理都是一样的：将多幅差异微小的图片按一定的顺序快速播放，让人产生“**画面动起来了**”的错觉。

《土星目标》

1 戴乐芬是米夏公司的动画片**制片人**，她要求**编剧**西蒙创作一部名叫《土星目标》的科幻**剧本**。西蒙必须构思一个完整的故事，包括设计场景、人物、故事情节以及所有人物的对白。

2 按照西蒙的**剧本**，**原画设计师**绘制出《土星目标》中所有的场景与人物。无论是科学家、宇航员，还是外星人，每个角色都有鲜明的性格特征。

3 根据**原画设计师**的设计图，**动画师**在电脑上创作出**三维人物模型**，然后对模型进行材质创建，让人物变得更真实。

4 **录音师**塞尔日负责录音工作，他要使对白与动画人物的嘴型尽可能一致。制片方还邀请了声音极具辨识度的当红明星布拉德·特皮和杰西卡·芭尔阿参与动画片的配音工作。

5 **演员**身穿黑色的紧身衣，主要关节处粘贴反光小球或反光片，十几台摄像机将他们的每个动作都精确地记录下来。经过专业的处理后，工作人员把**演员**的真实动作加载到计算机模拟的角色上，使人物模型做出与**演员**一样的动作。

6 戴乐芬要求**作曲家**为这部动画片创作片头音乐。**音响师**负责为这部动画片配上各种各样的音效，从火箭发射时产生的轰鸣声到关门的声音，无所不有。

7 这部动画片终于上映了。为了**宣传**该片，布拉德·特皮与杰西卡·芭尔阿参加了很多电视节目和商场活动。此外，一系列的**周边产品**（人物玩偶和同名书籍等）也随着动画片一起推出。

出发！

游戏设计师聚在一起开会，以确定电子游戏的整体概念、场景与人物等。**游戏设计师**也被称为“**游戏策划**”。

电子游戏

从**电视**到**电脑**（包括当下最为流行的平板电脑），电子游戏无处不在。短短几十年间，它就征服了全世界。第一代电子游戏诞生于20世纪60年代。早期的游戏还非常简单，如俄罗斯方块和吃豆人，但随后便发生了翻天覆地的变化：越来越多的游戏设计者想创作出像**电影**一样有着丰富**文化内涵**的游戏。

动画师根据游戏剧本让画面中的人物与物品动起来。

音效师根据情节为游戏创作不同的音乐，除此之外，他还要为**玩家**的每个操作设计相应的音效。

原画设计师不但要画出每个人物不同姿势和表情的草图，还要画出相应的场景。

游戏设计师编写出**游戏策划方案**。厚厚的一大本方案中不仅有对游戏的描述，还有对技术的要求，此外还介绍了**玩家**需要扮演的各个角色。

三维美术设计师根据设计草图在电脑中绘制出二维或三维图像。

接下来便是**动画师**大展身手的时候了。动画效果有时是通过捕捉**演员**的动作，然后将其重现在电脑中的虚拟人物身上完成的。这就是**动作捕捉技术**。

测试人员负责找出游戏的不足与问题。

游戏程序设计师负责编写代码，这样游戏中的人物才会听从**玩家**的指挥。

游戏上线后，**玩家**会聚集到游戏论坛上。**版主**负责炒热论坛的气氛。

漫画

创作一部漫画不仅是一项**长期的工作**（可能需要几个月甚至几年的时间），而且是非常**复杂**的工作，此外它还需要**编剧**与**漫画家**的紧密合作。**编剧**不仅要创作故事，还要设计每一页中每一格的内容和对白；而**漫画家**不仅要将文字内容转化为图像、画出人物的形象与背景，还要按照剧本画出每一个分镜。漫画的上色与对白添加有时交由其他**专业人员**完成。

詹姆斯·南的冒险旅程

4 路易、杰罗姆与**编辑**一起研究草图，他们发现书中有几页欠缺一些对白，另外还有几幅草图需要修改。

5 草图修改完成之后，就到了**上墨勾线**阶段。有些**漫画家**用画笔上墨勾线，有些**漫画家**则用钢笔。另外，从这个阶段开始，杰罗姆要在漫画中添加文字。

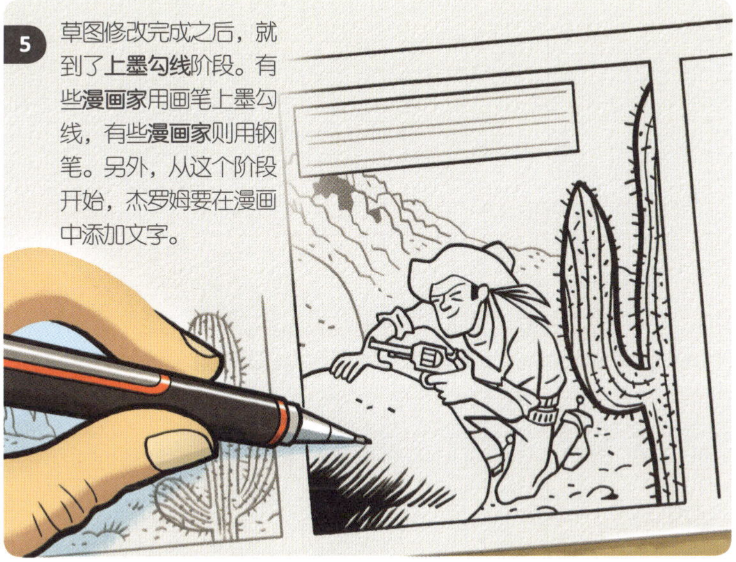

6 **文字**既包括整齐排列的背景描述，又包括对话框里的人物对白。

7 接着，杰罗姆把漫画扫描到电脑中，利用绘图软件为其上色。有时，**上墨勾线**过的漫画会被送到专业**上色师**那里，由他们完成上色工作。

8 所有工作结束之后，就可以把漫画原稿送到**印刷厂**了。接下来的工作必须尽快完成，因为成千上万的读者已经迫不及待地要和他们最喜欢的漫画英雄见面了！

报纸

不管是法国《队报》这种专业性报纸，还是法国《世界报》这种综合性报纸，所有**日报**都会以同样的方式运作并且都需要同样岗位的工作人员。报社中不仅有**记者**，也有通过绘制图表帮助读者理解文章的**图表制作师**，核实文章信息及标题的**审稿编辑**以及负责排版的**美术编辑**等。那么，这些人是如何在一起工作的呢？这一切要从**编辑会议**说起。

爆炸新闻！

3
11：30，体育版**记者**雷诺与**摄影师**托马斯在球场采访足球明星卓・优比。

4
15：00，**记者们**汇总和审核信息，撰写最终的新闻稿。文化版**记者**吕克在写一篇有关丁丁・加朗迪诺执导的新电影的文章。

5
17：00，总理辞职了！这是一条**爆炸新闻**。时政版**主编**迪阿负责撰写相关的新闻稿。《普罗旺斯自由报》在**头版头条**以及报纸的电子版上刊登了这条新闻。

6
18：00，所有文章都被送到**校对部门**。绝不能有任何错别字！**美术编辑**巴布罗负责完成头条新闻的配图，**审稿编辑**安妮则负责修改几篇文章的标题，使其更加引人注目。

7
20：30，报纸终于被送往**印刷厂**！第二天凌晨2点，印刷好的报纸被送往成千上万个**报刊亭**。做好一份报纸需要完成这么多事情，真不简单啊！

电视节目

电视节目的类型多种多样，包括音乐类节目、竞技类节目和谈话类节目等。有些节目有极高的收视率，能够让**数百万观众**守候在电视屏幕前。通常来说，电视节目会提前录好，几天或几周后在电视台播放。但也有一些节目采取**现场直播**的形式。这种播出形式要复杂得多——节目既不能中断，也不能重来，所以在直播前一切都得准备充分！

《标准体重》现场直播！
每一期节目邀请6位参赛者参与减肥比赛和猜体重的游戏。

现场工作人员用提示板提示**观众**该做出何种反应。

舞台设计师用了整整两天来布置**舞台**。

几百人在网站上报名，以便能够**参加**节目。

制作人为节目提供资金（用于租用场地和购买道具等），然后把节目卖给**电视台**。

主持人在节目开始前几分钟进场。他看上去似乎在脱稿主持，其实他正前方的**提词器**为他显示着提前写好的稿子。

主持人与**嘉宾**在节目开始前**化妆**，在插播广告时**补妆**。

灯光师根据节目进程改变现场**灯光**的颜色。

录音师要保证观众看到的画面与声效同步。

7位**摄像师**从不同角度拍摄节目画面。有些摄像机对准**嘉宾**和**主持人**，有些则对准**观众**。

与电影一样，电视节目也需要**导演**与**技术团队**的共同协作。

导播就如同交响乐团的指挥，要从面前的若干画面中选择一个播放给观众看。他必须快速做出决定，因为节目是**现场直播**的。

企业网站

现在几乎所有的企业（无论是小企业还是跨国企业）都有自己的网站。大部分企业网站只是**介绍**企业的产品与相关业务，只有小部分提供**在线购买商品**的服务。后者不仅24小时不打烊，而且让顾客省去了奔波的麻烦。通常，企业网站是由专业的**网站设计公司**设计并制作出来的。那里的**项目经理**先确认客户对网站的要求，然后将制作网站的工作交由**美工**与**开发人员**完成。

酷旅旅行社想拥有自己的网站！

1 法比安娜是轻松网的**项目经理**。轻松网是一家专门帮客户制作网站的企业。酷旅旅行社的**总监**雷奥找到了法比安娜。

2
雷奥提出了几点要求：网站不仅要吸引人、简单易用和安全，还要能从手机上浏览。如此一来，顾客才能方便和安心地在网站上浏览和消费。

3
法比安娜向美工玛丽与开发人员保兰传达了客户的要求。

4
玛丽负责设计网站的页面（包括版式和色彩等）、动画效果与浏览方式。保兰的工作是编写代码。

5
当网站制作完成并得到雷奥的认可之后，它便上线了。从此以后，大家就可以在任意一台与互联网连接的电脑或手机上浏览该网站。

6
一开始，网站的访问者寥寥无几。为了让大家熟知该网站，雷奥的助理嘉艾拉将网址印在了旅行社分发的宣传彩页上，并在网络上投放了广告。

7
每周，嘉艾拉都会更新网站上的促销内容与价格信息。根据网站计数器的统计，网站每天的访问量已达到3 000人次。旅行社的成功指日可待！

摇滚演唱会

虽然**摇滚**歌手常常在**录音棚**里录制歌曲，但他们更喜欢登上舞台表演，因为这样不仅可以让歌迷们感受**现场效果**，还可以让歌迷们了解他们的最新作品。一场成功的**演唱会**需要非常繁琐的筹备工作！为此，**歌手**通常会要求**演出经纪人**来负责这一切：预订场馆、安排行程及投放广告以吸引观众。

红石乐队演唱会

4
16：00，**乐队主唱**尼克·道格和他的乐手们乘坐私人飞机在巴黎降落。当他们到达体育馆时，一切准备工作都已就绪。他们**测试**了音响设备，在确认设备没有问题后进入休息室休息。
5
18：00，观众开始进场，有些歌迷从未错过红石乐队的任何一场演出。**保安人员**在舞台下方监控，以防意外发生。
6
21：00，精彩的演出使得舞台前方的观众越来越多，有些人甚至因为过分激动而晕倒，幸亏**医生**与**急救员**一直在场内待命。
保安
保安
保安
7
23：00，演唱会结束。观众很喜欢今晚的演唱会。散场后，很多人选择乘坐地铁回家。
8
23：30，尼克·道格乘坐他的私人飞机飞往他在英国的家。

交响乐团

大型交响乐团大约由100位**音乐家**组成，其中**乐团指挥**至关重要。一个交响乐团要想正常运转，比如顺利完成支付**音乐家**报酬、筹备演出、进行国内或国际巡演以及接待观众等工作，需要很多**工作人员**。

一场精彩纷呈的演出

1 每年，由费塞尔指挥的**爱乐乐团**要为观众奉献五十多场演出。有时，他们会邀请一些**独奏者**（同时也是杰出的**音乐家**）参与其中的几场演出。

2 这一次，在乐团**艺术总监**弗雷德里克的帮助下，费塞尔邀请到了所有想要邀请的**音乐家**并确定了演出曲目。

3 演出的日子越来越近了，乐团加紧**排练**。每次排练时，费塞尔都会选择不同的练习曲目。有时，他要求所有**音乐家**一起演奏；有时，他只要求**音乐家**进行管乐合奏或弦乐合奏。费塞尔根据自己想要**演绎**出的感觉，引导**音乐家**进行不同的表演。

4 在演出开始前的几小时内，**技术人员**会在舞台上摆放和调试**乐器**。移动某些乐器（如钢琴）时要格外小心，因为它们的某些部件很脆弱。此外，舞台的**灯光效果**由**灯光师**负责。

5 演出时，费塞尔用双臂和**指挥棒**等指挥乐团。他不仅控制着乐曲的**节奏**（演奏的速度）与**音调**（声音的高低），也控制着每种乐器**加入**演奏的时间。

6 有时，乐团会举行国内或国际**巡演**。乐团**行政部门**安排演出并与音乐厅负责人联系。乐团**外联部负责人**布鲁诺负责预订酒店和安排运输乐器的卡车。

7 经过乐团**宣传部负责人**阿努克及相关工作人员的宣传，巡演吸引了很多观众。虽然组织巡演的开销非常高，但是这轮巡演的效果非常好！

时装秀

国际四大时装周（米兰、巴黎、纽约和伦敦时装周）每年会举办两次。时装周期间，世界各大服装品牌的时装秀让人目不暇接，向**时尚买手**与**时装记者**展示它们当季的最新服装。前者会订购他们喜欢的服装并将它们放到自己的商店里出售；后者则会将这些服装品牌的最新信息传达给大众。这也是时装秀为什么会受到重视的原因。通常，知名服装品牌公司会租借大型场地来举办时装秀。

一场精彩的时装秀

4 时装秀当天18：00——后台的化妆师和发型师为模特奥拉加、海蒂与阿琳娜化妆和做发型。与此同时，大批记者和100多位特邀嘉宾纷纷围绕着伸展台坐下。伸展台就是模特的舞台。
5 19：00——时装秀正式开始，模特依次走上伸展台。
6 第一轮走秀结束后，模特回到后台。她们需要在两三分钟内换好服装，有时甚至需要完全变换发型，然后回到伸展台上继续走秀。
7 时装秀结束时，巴蒂斯特走上伸展台与观众见面。他收获了如雷般的掌声，因为他设计的这些服装太棒了！

出发！

艺术博物馆

艺术博物馆是**保存**艺术品的地方。像法国巴黎卢浮宫和美国纽约大都会艺术博物馆这样的大型博物馆，每年都会吸引**数百万名参观者**。为了更好地发挥**保存艺术品**与**接待游客**的职能，艺术博物馆需要投入大量的人力和财力。它们不只是简单地将艺术品挂在墙上或放在不同的展厅里，还**收藏**和**保护**这些艺术品并让大众**了解**其价值。

在博物馆**馆长**的管理和带领下，工作人员将艺术品按照主题或时间顺序分类展出。

展览策划人负责选择艺术品、构思展出形式并拟定**展览目录**等工作，他们大都是**常设展览**的负责人。

博物馆经常会举办一些以某一位艺术家或某一场运动为主题的**临时展览**。这时，相关领域的**专家**可以担任此次展览的**展览策划人**。

大型博物馆通常都设有**修复室**，在其中工作的**专家**有时多达十几位。这些**专家**负责修复破损的油画、残缺的雕塑与破碎的瓷器等。注意，这里的修复指的是恢复艺术品的原貌，而不是改变艺术品的原貌！

每个展厅都有**警卫**值班，目的是防止盗窃或损坏艺术品的事情发生。

讲解员为参观者详细**讲解**每件艺术品。他们如果本身不是博物馆的工作人员，就需要事先征得**馆长**的同意才能进行讲解。

有些博物馆会从**画廊**与**拍卖行**那里**购买**艺术品。

从收藏家或其他博物馆那里借来的艺术品会交由专门的**货运公司**运送。博物馆会为借来的每件**艺术品**购买**保险**。

馆长有时也接受来自个人的捐赠（雕塑和画等），但并非来者不拒！

受展出场地的限制，数千件艺术品被存放在特殊的大**储藏室**中。工作人员会将每一件艺术品**编入目录**，以便需要时快速地查找。

时，工作人员会从**储藏**
中取出一些艺术品，放
临时展厅展出。

考古发掘

考古发掘指的是一支考古队在一位或几位**考古学家**的带领下，经相关部门批准，对**古文化遗址**、**古墓葬**等进行勘探和挖掘的活动或工作。它的目的在于更好地了解和重视人类的历史。发掘工作通常会持续几个月甚至几年的时间。发掘工作完成之后，专家们会对出土遗物进行整理，以便更好地向公众展示。

跟随祖先留下的足迹

1 **考古学家**让·巴普蒂斯特和他的**考古队**将高卢（罗马时期）遗址划分成数个边长为1米的正方格（每个正方格都要进行编号），并在遗址周围规律地放置木桩和拉线，这个环节被称为**“探方”**。

2 让·巴普蒂斯特在**电脑**上重建了整个发掘现场。在考古发掘的过程中，挖掘出的每件遗物都会标记在电脑绘制的**线图**上。知道遗物的具体位置有助于**考古学家**了解其用途。

3 发掘工作正在**逐步**展开。有时，某些区域的进度比较快是因为那块区域的土质较软或暂时没有发掘出任何遗物。

4 **十字镐**与**手铲**是考古发掘中经常使用的工具，几乎所有遗物都是用它们挖掘出来的。在挖掘陶器时，**镊子**则显得更重要，因为陶器碎片很小且十分易碎。

5 让·巴普蒂斯特认真记录下每件遗物发掘时位于遗址的具体位置（包括**层次**）。同一层的遗物很可能属于同一年代。挖掘出的古钱币是推测遗址年代的重要线索。

6 考古发掘结束后，遗物通常被放入有**编号的箱子**中**保存**，然后送到**实验室**。

7 **科学家**可以通过**显微镜**看到陶器上微小的文字，也可以借助**断层扫描仪**发现2 000年前的人类头骨上的划痕。

动物园

一些大型**动物园**里通常有2 000多只动物（如狮子、斑马、大猩猩、白熊和蟒蛇等）。动物园不仅要为动物们创造良好的生活环境，还要科学饲养并保护它们免受**天敌**的伤害。为了更好地照顾动物和接待游客，动物园会雇用很多员工，其中一定有**兽医**与**饲养员**，此外还有园丁、水管工和电工等其他工作人员。动物园每年会迎来数十万**游客**！

动物园的一天

4 在去**特别护理室**的路上，她遇到了赶来看**饲养员**为海狮喂食的**游客**。没有人想错过眼前的表演！你知道吗？一只海狮一年可以吃掉5吨鱼！

5 在**特别护理室**里，塞西尔看到了一只因为妈妈拒绝哺乳而被送来的貘宝宝。它必须先用奶瓶喝几天奶，然后才能被放回笼子里。

6 接着，塞西尔赶去找动物园**园长**法布里，因为他们今天和来自西班牙马德里动物园的负责人有约。两家动物园计划**互换**一些动物，这样能够让当地游客看到一些从没见过的动物。

7 夏天到了，来自马德里动物园的巨蟒让法国游客啧啧称奇，而鲍里斯则成了西班牙的动物明星！

足球俱乐部

每到赛季，观众既可以通过电视观看**足球比赛**，也可以去比赛现场支持自己喜欢的球队。一场足球比赛的时间通常为90分钟，但参加球赛只是足球俱乐部活动的一小部分。在大型足球俱乐部中，除了**球员**以外，通常还有**数百名雇员**：有些负责医疗，有些负责饮食，有些负责联络**赞助商**。对足球俱乐部来说，赛季初期是最重要的阶段，因为**球队**的**阵容**会在此时基本确定下来。

卓·优比的转会

4
虽然转会费很高，但是球队也会因卓·优比的到来而变得更加强大。此外，马赛足球俱乐部还可以出售印有卓·优比名字的球衣。这笔投资很快就可以赚回来！
5
在签约之前，卓·优比还必须接受队医泰玛尔及理疗师的检查。
6
尤塞与赞助商见面，向他们宣布新球员加入的好消息。这么做很正常，因为赞助商是足球俱乐部的重要合作伙伴。
7
第二天，所有报纸都在头版头条报道了这次球员转会的情况。购买了球衣胸前广告的赞助商也因此变得家喻户晓。
8
新赛季第一场比赛开始了。新球员的到来能够帮助马赛足球俱乐部获得联赛冠军吗？谁也不知道。足球比赛可没那么简单！

网球公开赛

每年，全世界最优秀的网球运动员都希望自己能获得**大满贯赛事**（澳大利亚、法国、温布尔登与美国网球公开赛）的冠军。这些高水平的比赛不仅通过上百家电视台向全世界进行播放，还吸引了大批观众到现场观看。赛事组织者只有将组织工作的每一个环节做到**尽善尽美**，才能保证比赛顺利进行。对网球运动员来说，对球技的追求是永无止境的！

法国网球公开赛前6周，工人们会把**红土**铺到罗兰·加洛斯球场上。此外，工作人员还会将球场上所有的白线重画一遍。

世界排名第四的阿根廷选手佩德罗将对阵美国选手约翰，后者是第一次参加**大满贯赛事**。选手们来自世界各地，在他们抵达机场时，会有工作人员接待。

每天早上与每场比赛结束后，工作人员都会往**场地**上浇水。

裁判负责计分和处理争议。在为期两周的赛事中，主办方会雇用若干名**主裁判**与**司线裁判**。

选手们可以享受**按摩**与**医疗**服务。**洗衣房**工作人员的工作量很大：在两周时间内，他们须清洗35 000条毛巾！

网球拍上的**网球线**很容易松，有时甚至会断。在罗兰·加洛斯球场的**工作室**里，每天有多名专业穿线师给200～300支网球拍穿线。

比赛结束后，选手们需要回答**记者**提问，否则有可能面临处罚。

比赛会通过电视进行**现场直播**，其他选手也可以在更衣室或会客厅里观看。

奥运会

奥林匹克运动会（简称“奥运会”）最早起源于古希腊，它是一项让全世界最优秀的运动员在**多种体育运动项目**中展开竞技的大型赛事。想举办奥运会的城市需提前8年向国际奥林匹克委员会（简称“国际奥委会”）提交申请，且每一届都会有**5个城市**（每个国家最多一个城市申请）作为**候选城市**参加角逐。所有候选城市都希望获得举办奥运会的机会，但最后的胜出者只有一个：谁能获得国际奥委会委员的最大支持，谁就是赢家！

强者胜！

1 2012年5月，经过角逐后，申办奥运会的**候选城市**还剩下东京、马德里与伊斯坦布尔。这三个城市达到了奥运会申办城市的标准。

2 2013年1月，每个**候选城市**的代表都需向**国际奥委会**递交一份**书面材料**，详细介绍他们的筹备计划，包括在哪里建造新体育馆和如何改造现有的体育馆等。

3 **书面材料**里还需写明场馆附近的酒店数量、道路的整改情况以及公共交通状况等，因为到时世界各地的游客会齐聚在那里。

4
2013年3月，国际奥委会评估委员会前往每一个申办城市，实地考察当地现有的体育设施与未来建造场馆的地方。

5
2013年9月7日，投票日到了。在伊斯坦布尔、东京和马德里，成千上万的市民聚集在一起，满怀希望地等待投票的结果。

6
举办城市确定为东京之后，东京就开始兴建计划中的体育场馆了，而且还要保证按时竣工！整整七年间，这个城市里随处可见热火朝天的施工景象。

7
2020年2月，奥运村建成。在举办奥运会的三周时间内，这里会迎接来自全世界两百多个国家和地区的一万多名运动员与随队官员。

8
2020年7月，开幕式标志着奥运会拉开了帷幕。奥林匹克体育场里坐满了观众，并且还有几十亿观众坐在电视机前收看这场开幕式。

我们的社会

学校

在法国，大约有七百万名儿童在接受小学教育。校方想要让孩子们在最好的环境中学习，就要尽可能将工作做得面面俱到。因此，校方在**课程安排**、家长与老师间的关系、孩子的**课余活动**以及**食堂**的伙食等问题上都要进行认真研究。**学校理事会**可以将校内的教育工作者集合在一起，讨论学校里发生的各类问题，因此它的存在有着非常重要的意义。

课外时间，学生由**总务处处长**安排相关人员照顾。

总务处处长还要办好食堂，加强食堂的管理与监督。

相应的教学设备，比如桌椅和电脑等也由**总务处处长**想办法解决。

总务处处长还要负责学校的**修建**与日常**维护**工作。

总务处处长要尽可能地满足学校各方面的需求。

老师还负责**组织**学生的课余活动。

老师还会列席**学校理事会**，讨论班级中的问题。

学校理事会由**校长**组织，每年至少举行3次会议。

学校理事会就学校日常运行的一些问题制订相应的对策，比如安排食堂用餐与课余活动等事宜。

校长的责任是确保学校能够良好运行。

老师负责**授课**。

学校的**保安人员**负责校内**安全**并组织安全演习（如消防演习等）。

邮政局

虽然电子邮件越来越普遍，但**邮政服务**并不会马上消失！首先，不是所有人都有电脑。另外，比起冷冰冰的电子邮件，很多人更喜欢**亲笔写信**和**寄明信片**带给人的温暖。虽然**邮票**的价格在每个国家都不一样，但一封信从寄出到送达的过程基本上是一样的。

出发！

邮递员每天收取他所负责辖区内的每一个邮筒里的信件。法国大约有125 000个邮筒。

同一辖区的信件会被送到同一个**处理中心**，之后由一台专业机器根据信件的大小和价格进行分类。

邮递员每收完一个邮筒内的信件，就会用机器扫描一遍该邮筒上的**条形码**，这样能保证不漏掉任何一个邮筒。

之后，信件会被送到**本市处理中心**。那里的机器会根据信件所要寄达的目的地（国家、省份、市区）对其进行分类。如果信件上的地址写得不清晰或有误，则由人工分拣。

接着，汽车、火车和飞机带着信件去往不同的目的地。

在**投递部**，来自本国或外国的所有信件由工作人员根据信封上的邮政编码进行分类。

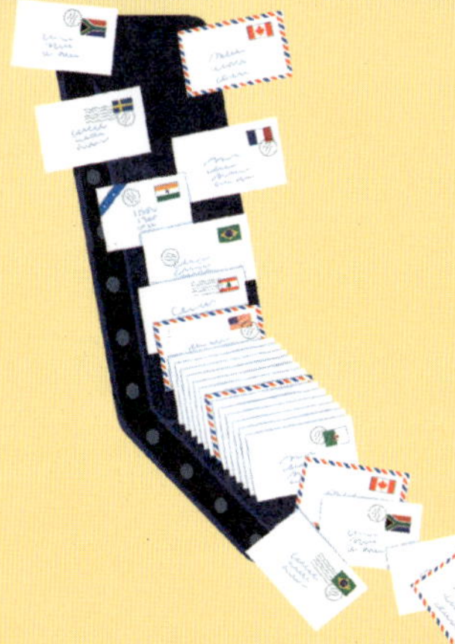

邮递员拿到信后，会把它们送到自己辖区内收信人的手中。他们会根据目的地的远近选择步行、骑自行车、骑摩托或者开车去**投递**。

消防员

法国约有250 000名消防员，其中80%都是**志愿者**。他们平常从事本职工作，只有当险情发生时才会听从安排并且随时准备执行消防任务。另外20%的消防员才是**职业消防员**。不过，在巴黎和马赛，负责执行消防任务的是军人。无论是哪一种消防员，他们都接受过专业的**消防训练**。但是，火灾在消防员出警警情中所占的比例不到10%。幸运的是，面对各种各样的状况，消防员们都训练有素，效率极高。那么，他们是如何做到这一点的呢？

喂，是消防中心吗？

4
消防中心需要派出一台救护车和两名消防员，于是伊夫把这些信息输入到一款可以自动处理分派需求的特殊软件中。

5
消防局里，正在待命的消防员收到了附有地址和警情的指令。

6
仅仅6分钟之后，两名消防员就来到了玛丽身边。他们需要马上把玛丽送到最近的医院，因为她的手臂骨折了！

7
不久之后，伊夫在电脑屏幕上看到了那两名消防员完成任务、处于待命状态的信息。与此同时，一家印刷厂拨打了火警电话。

8
于是，伊夫把新信息输入到软件中。这一次，6名消防员开着一辆消防车出发了。但一辆消防车只能装6 000升水，这肯定不够用，所以还得派一辆。

医院急诊室

每年365天，每天24小时，时时刻刻都有**伤员**或**病人**到急诊室接受治疗。急诊室的工作非常**繁忙**，有时一些情况并不十分危急的患者也会到急诊室就诊。如果你在急诊室**等待**了很长时间，那很可能意味着医生正在救治情况比你危急的患者。

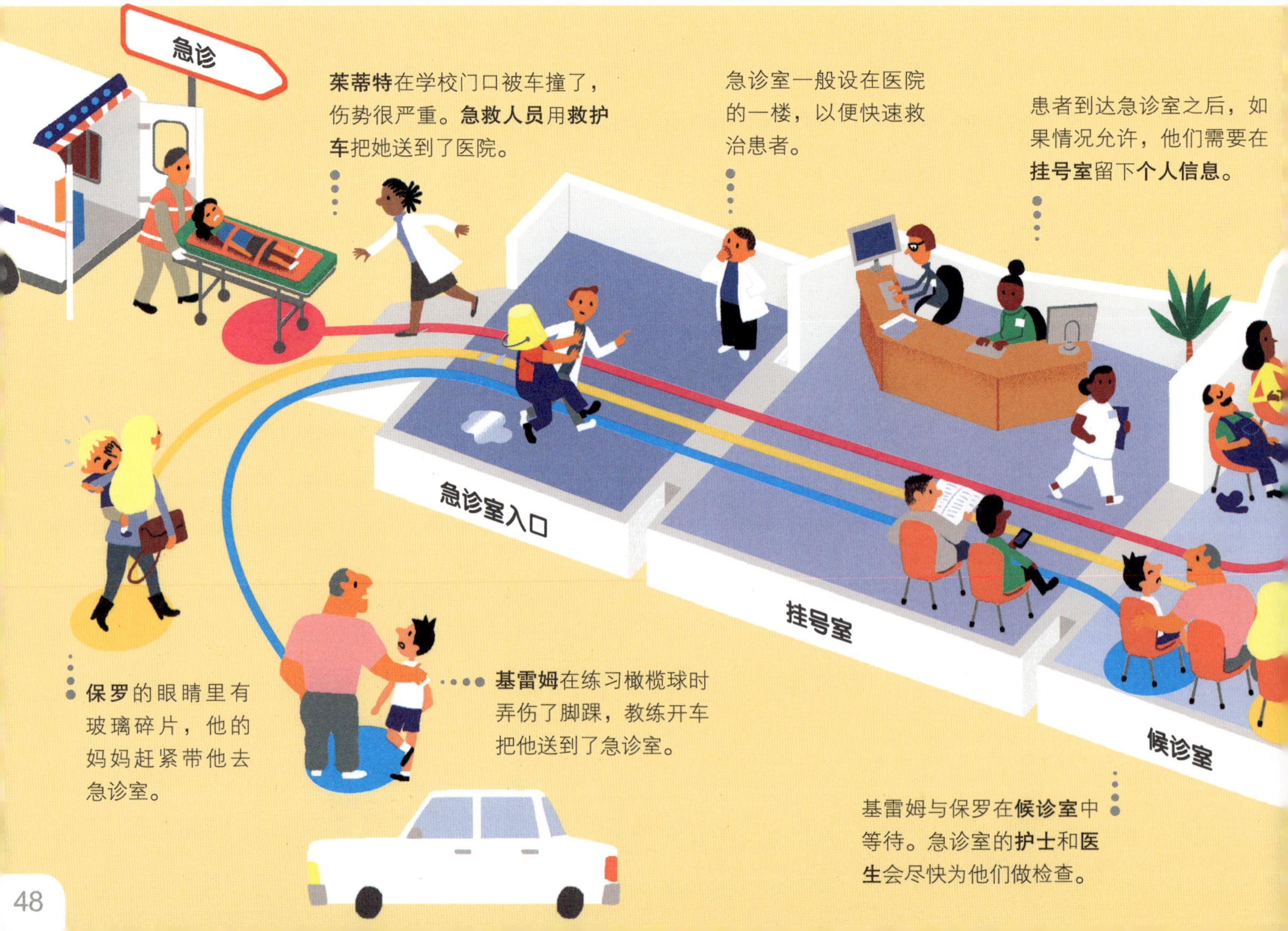

茱蒂特在学校门口被车撞了，伤势很严重。**急救人员**用**救护车**把她送到了医院。

急诊室一般设在医院的一楼，以便快速救治患者。

患者到达急诊室之后，如果情况允许，他们需要在**挂号室**留下**个人信息**。

保罗的眼睛里有玻璃碎片，他的妈妈赶紧带他去急诊室。

基雷姆在练习橄榄球时弄伤了脚踝，教练开车把他送到了急诊室。

基雷姆与保罗在**候诊室**中等待。急诊室的**护士**和**医生**会尽快为他们做检查。

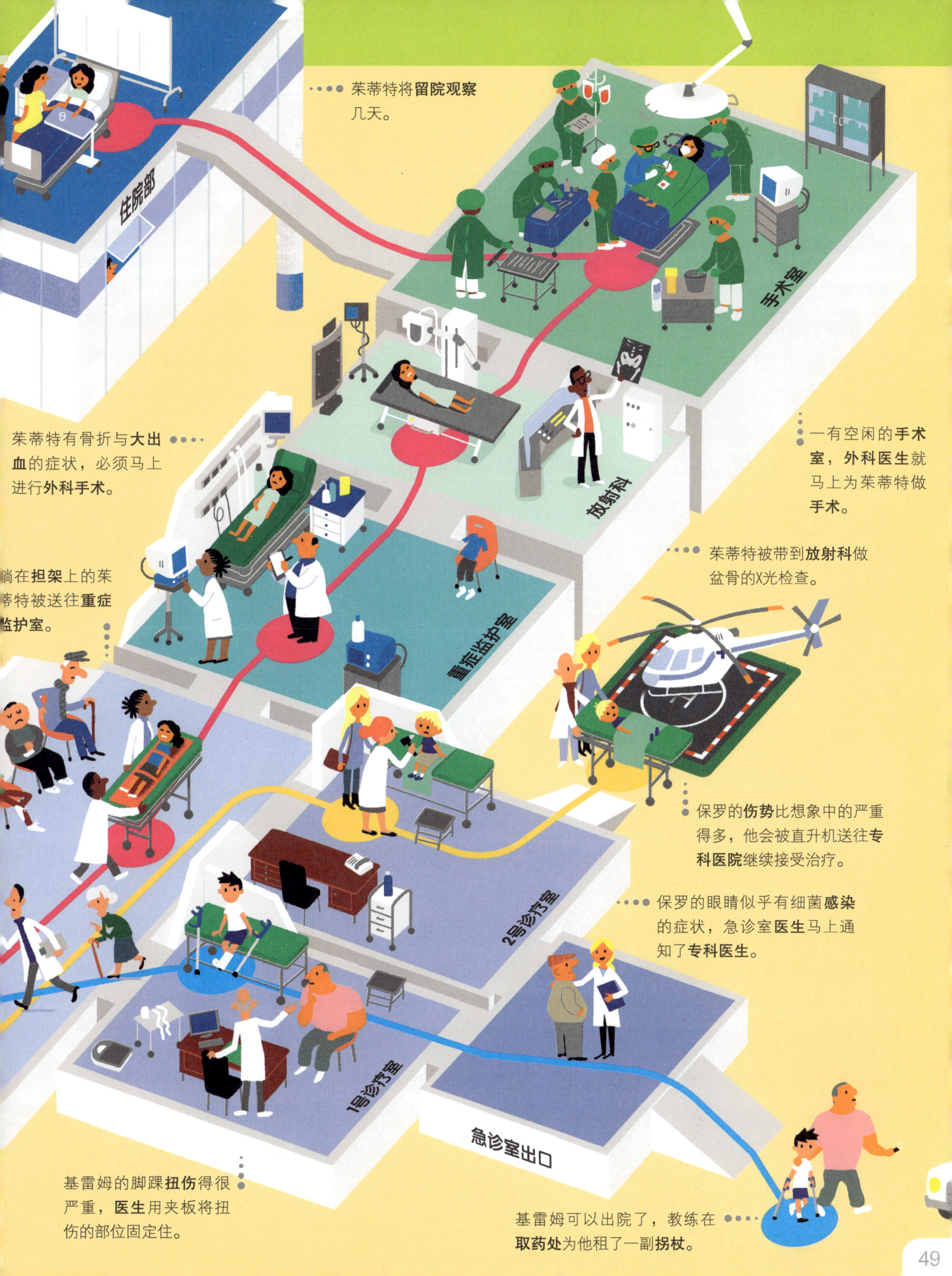

茱蒂特将**留院观察**几天。

茱蒂特有骨折与**大出血**的症状，必须马上进行**外科手术**。

一有空闲的**手术室**，**外科医生**就马上为茱蒂特做**手术**。

茱蒂特被带到**放射科**做盆骨的X光检查。

淌在**担架**上的茱蒂特被送往**重症监护室**。

保罗的**伤势**比想象中的严重得多，他会被直升机送往**专科医院**继续接受治疗。

保罗的眼睛似乎有细菌**感染**的症状，急诊室**医生**马上通知了**专科医生**。

基雷姆的脚踝**扭伤**得很严重，**医生**用夹板将扭伤的部位固定住。

基雷姆可以出院了，教练在**取药处**为他租了一副**拐杖**。

警察局

警察需要执行**不同的任务**，如维护**交通安全**、保障公民**人身安全**和维持社会**治安秩序**等。如果你的安全受到威胁，可以拨打报警电话，警察会在几分钟内赶到现场。虽然警察的分工各不相同，但他们大多配有武器。

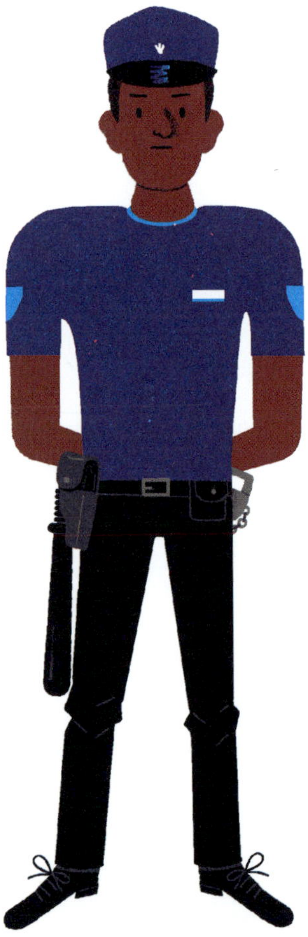

在规模较大的警察局里，每天都有约20位**警察**轮流值班。

桑德琳在**家庭保护科**工作，她正在审问对女儿实施了**暴力行为**的康斯坦。

值班**警察**接待了奥利维，他的包刚被抢走了。**警察**先安慰了奥利维，接着为他填写了**报案材料**。

十几位穿着制服的**警察**在街头**巡逻**，他们有的步行，有的驾车。

布里斯遭到了暴力袭击，手机也被抢走了，闻讯赶来的**警察**为他做**笔录**。

一辆摩托车撞上了公共汽车，**巡警**伊萨与保罗被派往事故现场，负责**处理**事故并**疏导**交通。

毒品调查科的**警察**加里姆正在处理莱昂的案件。他在莱昂的车中发现了整整1 000克**毒品**。

每个警察局至少有两间用于扣留的房间，其中一间用于暂时**安置**流落街头的**醉酒者**。

另一间用于**拘留**像汤姆这样的嫌疑人。

十几位**刑警**专门负责处理各种各样的**刑事案件**，包括抓捕和审讯入室抢劫者、行凶者和毒贩等。

警察奥利维耶与萨穆埃尔正在**追捕**两名刚刚抢劫了珠宝店的**强盗**。

汤姆被**怀疑**杀害了老板，被安置在**审讯室**内等候审讯。

还有一些便衣**警察**会驾驶普通车辆在街头巡逻，以便处理一些**突发状况**。

刑侦专家

在**搜寻**和**辨别**嫌疑人并找出**罪证**的过程中，刑侦专家所起的作用越来越显著。这些刑侦专家（包括生物、物理和化学等方面的专家）通过对从犯罪现场、受害者和嫌疑人身上**提取**的样本的**分析**，可以很快**结案**，甚至可以将很久之前的悬案查个水落石出。

女警办案

3
死者身边放着一封信，很容易让人以为他是自杀。但是，瓦图发现他右手握着枪——要知道，他是左撇子！
这是一起谋杀案！
4
瓦图决定逮捕卡斯塔迪，因为据马丁的邻居反映，他曾亲眼看到卡斯塔迪威胁马丁。可是并没有证据证明马丁是被卡斯塔迪杀害的，因为从现场提取的指纹不够清晰。
5
解剖尸体时，法医发现伤口上有非常小的昆虫。这些昆虫证明了马丁的死亡时间是上周日，而卡斯塔迪当天恰恰没有不在场证明！
6
瓦图就武器与射击角度等问题向弹道专家咨询。
经过对射击角度的计算和分析得知，凶手的身高应该在1.9米左右。
这与卡斯塔迪的身高吻合！
7
实验结果表明，从信封上提取的唾液样本与卡斯塔迪的DNA样本相符。证据越来越多了！
8
瓦图把从嫌疑人家里找到的衣服送去检测。尽管这些衣服已经被清洗过多次，但刑侦专家还是在其中一件上找到了一些血迹——这些血正是马丁的！
接下来，案件就可以移交给检察院了！

自来水厂

在大多数国家，人们需要用水时只要打开**水龙头**就可以了。不过，自来水在到达千家万户之前，必须在**自来水厂**中经过**多道工序**的**处理**，这样才能符合**使用标准**。你知道吗？大部分水都是在我们洗澡、洗碗和洗衣服时用掉的。

之后，通过多道工序的**处理**，使水达到使用标准。

首先，让水通过**滤网**以**过滤**掉水中的杂物，比如树叶和昆虫等。

然后，通过**化学手段**让水中的杂质凝聚在一起，沉淀到水池底部。这个步骤可以去除水中90%的悬浮物。

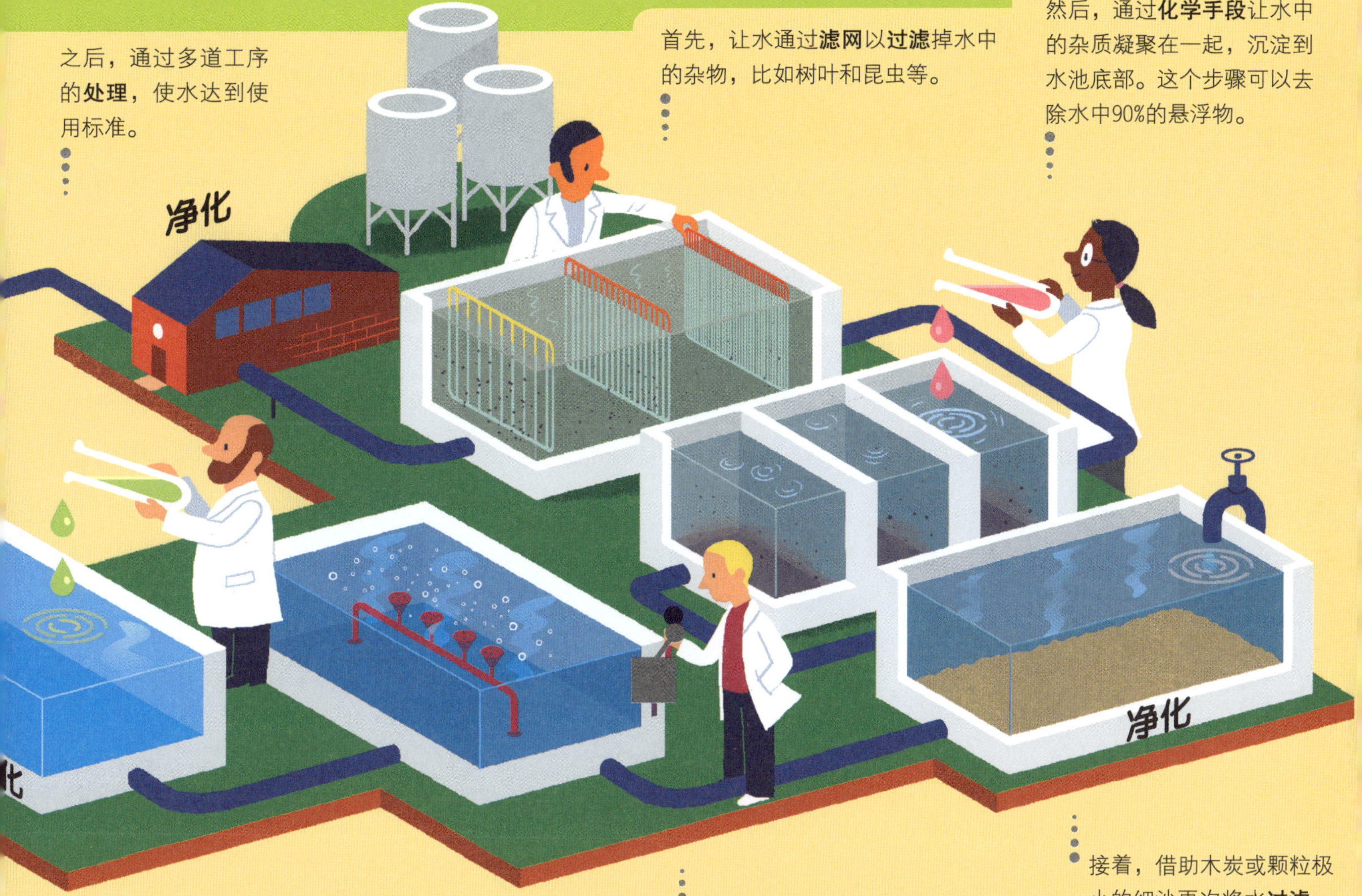

接着，借助木炭或颗粒极小的细沙再次将水**过滤**。

最后，往水里加入一定量的**氯**，避免在输送过程中细菌在水里繁殖。

再利用**臭氧**去除水中的病毒和细菌。这个步骤完成后，水就变得**清澈**且可以使用了。

生活污水经过多道工序的**处理**后，才被排放到**江河湖泊**中。

洗澡、洗碗和冲厕所等所产生的生活污水被输送到**污水处理厂**进行处理。

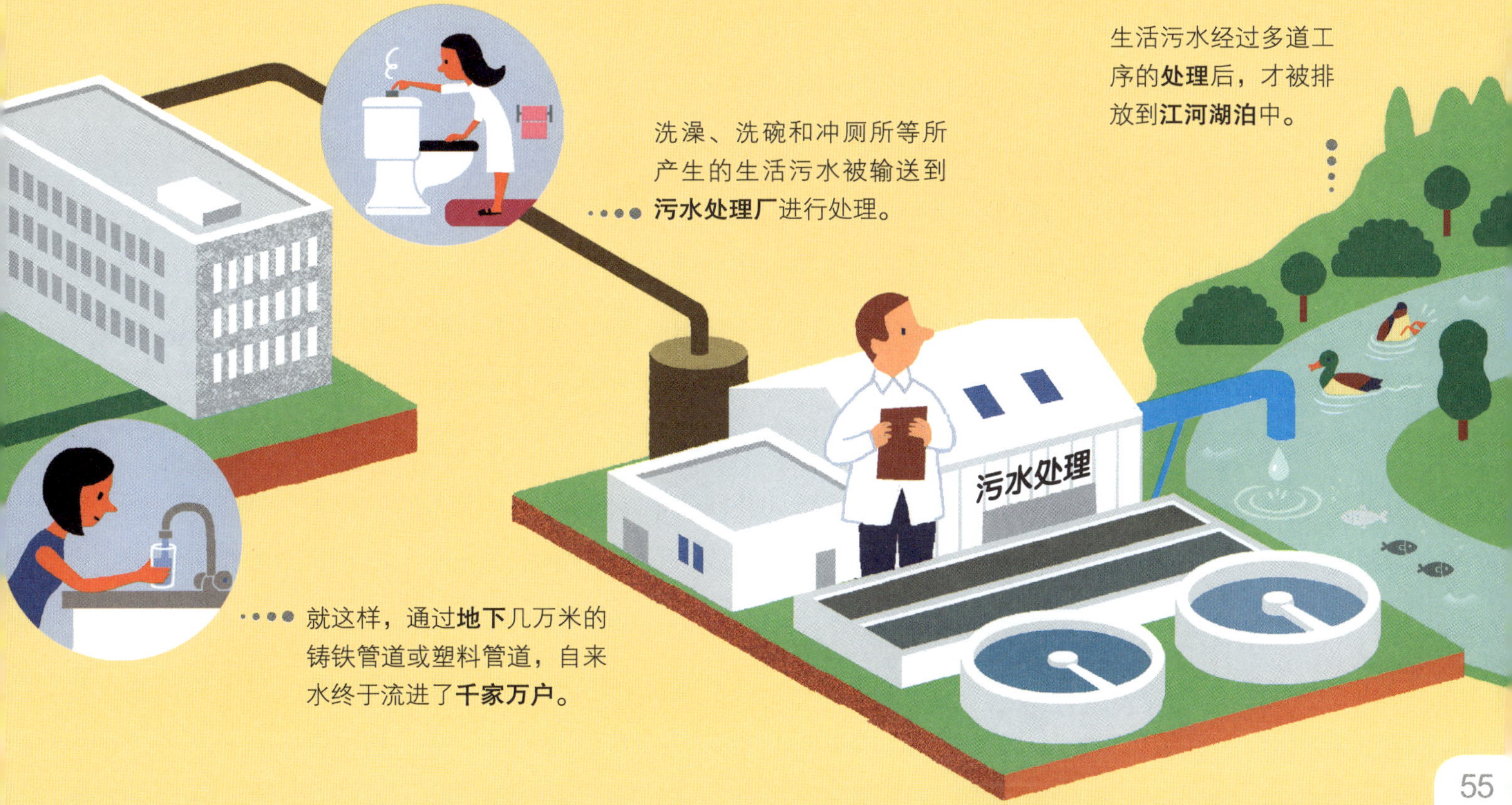

就这样，通过**地下**几万米的铸铁管道或塑料管道，自来水终于流进了**千家万户**。

垃圾处理

在法国，每人每年扔掉的垃圾（如包装盒、塑料瓶、玻璃罐、易拉罐、生活垃圾等）平均有**600多千克**。可喜的是，近年来关于**垃圾回收**与**处理**的技术有了长足进步。**垃圾回收**之所以可以节约自然资源，是因为它既能重复利用原材料，又能减少垃圾的填埋量。对地球来说，这真是个好消息！

在日常生活中，每个人都要做好**垃圾分类**工作，把不同类别的垃圾放进不同颜色的**垃圾箱**里。

玻璃制品需要放到**特制的垃圾箱**中。

不可回收垃圾及**危险垃圾**被运到**垃圾焚烧中心**销毁。垃圾焚烧炉内的温度可达1 000℃。

焚烧垃圾产生的**电能**与**蒸汽**可用于城市**采暖**。

无法处理的垃圾被送到**垃圾填埋场**填埋。

电池等有毒有害垃圾
有特殊的回收方式。
分类过的垃圾被放到一条特殊的传送带上，再根据它们的形状、体积与重量进行二次分类。
有时我们会借助巨型磁铁将金属垃圾与其他垃圾分开。
其他垃圾由工人手工分拣。
废纸、金属和塑料等可回收垃圾被送到分拣中心，按照材质进行分类。
分拣中心
可回收垃圾
然后，将各类垃圾分别捣碎并洗净，再压成大块以便运输。
x 27 =
x 250 =
x 6 =
玻璃处理
在工厂中，回收来的玻璃被碾成粉末。
这些压好的垃圾块会被送去制造新物品。
玻璃回收
每个玻璃瓶回收后都可以制造出一个新玻璃瓶。
超级市场

互联网

我们身边有无数的**通信设备**、**信息终端**与**娱乐产品**，如电话、电脑、电视机和收音机等。最具革命性的要属能够将全世界的电脑**连接**在一起的**互联网**。如今，地球上有20多亿人在**利用互联网**搜索信息和进行交流。**互联网**到底是如何工作的呢？

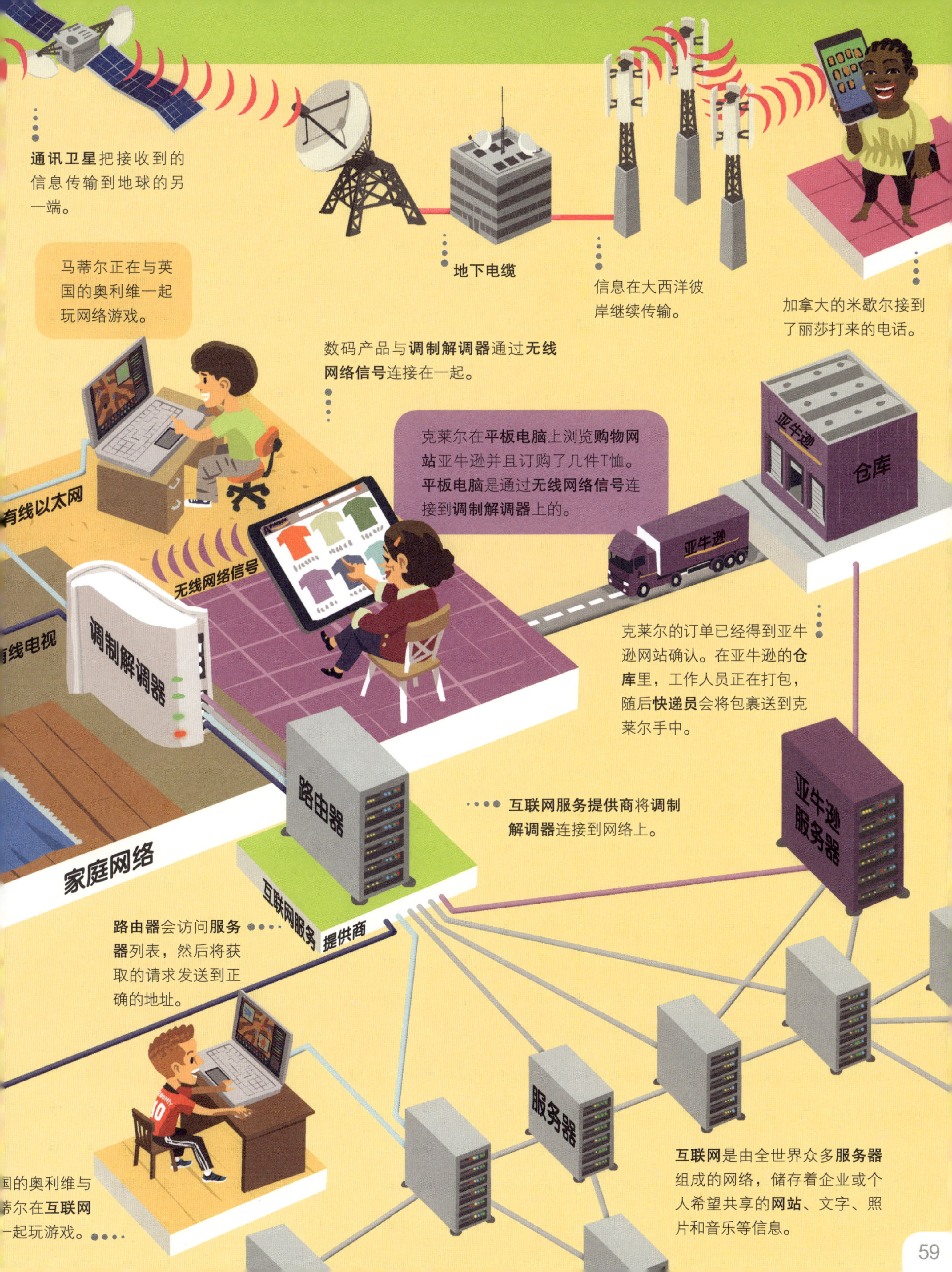
通讯卫星把接收到的信息传输到地球的另一端。
马蒂尔正在与英国的奥利维一起玩网络游戏。
地下电缆
信息在大西洋彼岸继续传输。
加拿大的米歇尔接到了丽莎打来的电话。
数码产品与调制解调器通过无线网络信号连接在一起。
克莱尔在平板电脑上浏览购物网站亚牛逊并且订购了几件T恤。平板电脑是通过无线网络信号连接到调制解调器上的。
亚牛逊
仓库
亚牛逊
有线以太网
无线网络信号
有线电视
调制解调器
克莱尔的订单已经得到亚牛逊网站确认。在亚牛逊的仓库里，工作人员正在打包，随后快递员会将包裹送到克莱尔手中。
路由器
互联网服务提供商将调制解调器连接到网络上。
亚牛逊服务器
家庭网络
互联网服务提供商
路由器会访问服务器列表，然后将获取的请求发送到正确的地址。
服务器
国的奥利维与
蒂尔在互联网
一起玩游戏。
互联网是由全世界众多服务器组成的网络，储存着企业或个人希望共享的网站、文字、照片和音乐等信息。

公司

汽车销售店、大型商场和快餐店等都是公司。公司是向**顾客**提供**服务**或**商品**以赚取**利润**的经济实体。为了实现这一目标，公司需要集合各种各样的**人才**。在一些小型公司中，一个人常常要负责很多不同类型的工作；而大型公司通常会雇用几千名员工，而且他们的分工会非常明确。

市场部总监米莱丽分析了顾客的需求与竞争对手的产品。她发现年轻人喜欢色彩鲜艳的服装，而市场上的此类产品供应不足。

设计师根据市场部的建议开始工作。他们设计了一款特别贴身的橘色荧光运动衫。

米莱丽建议公司推出全新**系列**的运动衫，并且同时在运动类与时尚类的商店内发售。

广告部总监凯玲娜决定在年轻人喜欢的杂志上投放**广告**。

销售部总监马克斯制订了相当高的销售目标。幸运的是，橘色运动衫的销量非常好！

广告专员萨米娅把新产品的信息发给了广告媒体。

销售代表去各个商店拜访负责人，以便推销图兹服装公司的产品。

广告公司

在电视、报纸、电影院和互联网中，广告无处不在。广告的作用是让**大众**了解一件商品或一个品牌，有时也会介绍一个地区或一位政客。广告是由**广告公司**的**设计人员**创作出来的：**美术指导**负责图像，**文案**负责文字。他们齐心协力构思最棒的创意来**吸引**顾客或选民！

比酷万岁！

1 孟兹公司打算在9月发售一款针对7～11岁儿童的新玩具——比酷。为了在圣诞节这个销售旺季到来之前让大家都认识这款产品，他们联系了金点子**广告公司**。

2 **广告公司**的**策划总监**认为：广告设计的重点不应该在价格上（因为比酷的价格有些高），也不应该在玩法上（因为比酷的玩法比较复杂），而要突出比酷滑稽有趣的特色。

3 **广告公司**的**设计总监**认为，推广这款产品最好的方法是将其植入一部以儿童和家长为受众的电影中。于是，他让**设计人员**去制订方案。

4
方案确定后，他们联系了深受孩子欢迎的喜剧演员卡迈尔·贝鲁兹和深受家长喜爱的女演员妮娜·莫兰多。

5
他们还找来了导演贝尔当·泰马莱。这位导演不仅极富创意，而且很了解这两位演员。

6
贝尔当和技术团队一起拍摄卡迈尔与妮娜玩比酷时的画面，画面中的二人不时发出阵阵笑声。他们的表演太完美了！

7
11月，电影与观众见面了。搞笑的广告画面确实激起了大家的购买欲。他们成功了！

8
剪辑过的广告短片还被传到网络上，大家争相观看。商店里，比酷的销售业绩呈爆炸式增长。毫无疑问，这款玩具成了本年度最热门的圣诞礼物！

汽车制造厂

每年，汽车制造商们都会推出**新款汽车**。一旦**样车**成功通过了各项技术**测试**与市场**考验**，工厂就会立刻开始生产**新款汽车**。在巨大的车间里，工人们在**装配流水线**上将汽车的零部件组装起来。有些**配件**（如座椅）会交由配件**加工厂**生产，然后送回汽车厂组装。

雪铁蛇的新款轿车！

1 雪铁蛇公司的**市场团队**认真分析了汽车市场、驾驶者的需求与竞争对手的产品。他们发现市场上已经有太多豪华型轿车了，所以提议推出一款经济型轿车——普拉达。

2 **设计部门**设计出新款车型的外观（造型和比例等）与功能（天窗和空调等）。

3 同时，**工程师**研发出最适合新款车型的发动机。

4 **成品管理员**负责分析项目的盈利前景。他们统计了汽车的生产成本与其他费用，从而得出结论：要想盈利，普拉达第一年的销量必须超过60 000辆。

5 **样车**制造出来后会向公司**董事们**展示，由他们决定是否将此款车型投放市场。

6 取得董事们的同意后，**工厂开始投入生产**。汽车的各种零部件（包括车门、挡泥板、座椅、方向盘以及发动机等）分别在不同的**生产线**上生产。

7 有一个车间负责汽车的**装配**工作：由**人工**或**自动机械**安装挡风玻璃、发动机、座椅和车身外壳等。每个工人的分工都很明确。

8 经过十几次测试后，普拉达终于上市了！接下来的任务就是销售，而这要看**广告部**和**经销商**的本事了。

贸易港口

每年，中国的上海和香港、荷兰的鹿特丹以及岛国新加坡等的**大型国际贸易港口**都要装卸几十亿吨**货物**，为世界贸易的发展做出了很大贡献。这些海上航运**终端**能够抵御风暴的袭击，让如石油运输船和集装箱船之类的**大型船舶**停靠和卸货。

当**集装箱船**准备停靠港口时，**引水员**会登上甲板，协助**船长**以使船舶**靠岸**。

港口负责人负责协调船舶的往来。

在一些大型港口，几百名**码头工人**每天都要装卸几千个**集装箱**。他们通过控制**码头起重机**将**集装箱**从船上卸下来，然后将它们运送到卡车或货车上。

一艘**集装箱船**可装载2 000～10 000个**集装箱**。**货物**就储存在这些钢铁制成的方形“大盒子”里。

集装箱船因为装载量不同，所以**卸货**时间也不相同。有时，**集装箱船**还会带着部分货物驶向下一个港口。

拖船自身并不载运货物或旅客，但却可以拖着**集装箱船**在港口内移动！

港口的部分区域仅用于停靠**石油运输船**，旁边建有大型储油罐。还有一些区域建有专为运输粮食、钢铁和煤炭的船舶设计的**仓库**。

海关的职责是检查出入码头的所有商品。不同种类的商品需要缴纳不同的关税。

负责系泊的**工人**将船舶的缆绳系在码头的缆桩上。

火车站

有些火车站很大，站内有餐厅和商店；有些火车站则很小，只有两三个站台。无论火车站的规模如何，车站工作人员的**任务**都包括：**保证**火车**准点**进出站、对火车线路进行全面**监控**、确保火车发动机正常运转、**维护**车厢内的公共秩序和环境卫生、**安排**旅客上下车和**装卸**货物等。

11点到站的火车

1 安娜·索菲是一名火车站**站长**，管理着300名工作人员。每天，他们都要负责**上百列火车**进出站和过站的工作。

2 在**调度室**，**调度员**菲利普必须保证每列火车都能分配到空闲的轨道，这样火车才能井然有序地进出站。

3 有一列火车晚点了，塞德里克即时更新了**电子显示屏**上的信息，这样乘客就可以在第一时间知晓火车晚点的消息。此外，他还得负责**广播**：大部分广播内容已经提前录制好，但有时也会插播紧急广播。

4 通过**监控室**的屏幕，文森和罗莱特可以实时监控火车的运行情况。一旦发生问题，他们就会立即通过轨道信号或无线电通知司机。

5 在**检修车间**，**检修人员**负责检查所有火车头，以确保它们都处于良好的状态。检查火车头时，**检修人员**需要站在火车头下方的修理沟中工作。火车头准备就绪后，**调车司机**会把火车头开到指定的轨道上。

6 在**货运**区域，**叉车司机**等待着货运火车到站。他们负责把火车上装载的货物转运到仓库，之后这些货物会由卡车运往各地。

7 一切准备就绪后，**调度员**尼古拉发出出站信号，火车前方亮起绿灯。搭载着500名乘客的火车离开火车站，车上的乘客随之踏上了旅途。

国际机场

在像法国巴黎戴高乐机场和英国伦敦希思罗机场这样的大型国际机场里，平均每一分钟就有一架飞机起飞或降落，也就是说在这样的大型机场里每天约有1 500个进出港航班。机场工作人员必须**合理安排**，才能让如此多的航班顺利起降。他们的另一个重要职责就是接待乘客：每天要接待十万多名乘客，与此同时还要为他们提供多种类型的**服务**（如餐饮和购物等），此外更重要的是要确保乘客的**安全**。

跑道巡视检查员每天都要检查跑道。跑道上有不同颜色的灯泡，这些灯泡可以引导**飞行员**使用跑道和滑行道。

飞机**机械师**主要负责飞机的日常维护和飞行前的各项检查。

飞机餐是在飞机加油的时候被送到飞机上的。

行李被送到飞机的**货舱**。在乘客**转机**时，行李也会跟着乘客一起**转机**。

乘客在飞机起飞前需办理**登机**手续与大件行李**托运**手续。

每件行李上都贴有一个**电子标签**，这样就可以被快速地找出来。

在飞机下降的过程中，当飞机距离跑道一定距离时，机场塔台里的**管制员**会给**飞行员**相应的操作指示。每位**管制员**要指挥若干架飞机。

机场**地面引导员**指挥**飞行员**将飞机停在航空港旁边的**停机坪**上。**停机坪**是专门用来停放飞机的地方。

起飞前，**加油车**为飞机加入一定量的航空煤油。这项工作由油料公司负责。

乘客们到达**候机厅**，准备登机。

行李通过**X光安检仪**的**检查**后，被送到飞机的**货舱**。

安检人员要核实乘客的身份信息。手提行李也要通过**X光安检仪**的检查。

电力运输

在世界**能源**消费中，电能的消费总量居第五位。日常生活中使用的电能主要由其他形式的能量转换而来，然后由不同的**发电站**——如火力发电站（利用天然气、煤炭和石油等燃料发电）、核电站、水电站、风力发电站等——输送出去。电能是一种既可靠又强大的能源，但也有一个很大的缺点——**无法大量储存**。一旦某种能量转换成电能，我们就必须将其输送出去！

出发！

无论利用哪一种能源（天然气、煤炭、铀、水、风等）发电，**发电站**的工作原理几乎都是一样的：**涡轮机**旋转带动**交流发电机**产生电能。

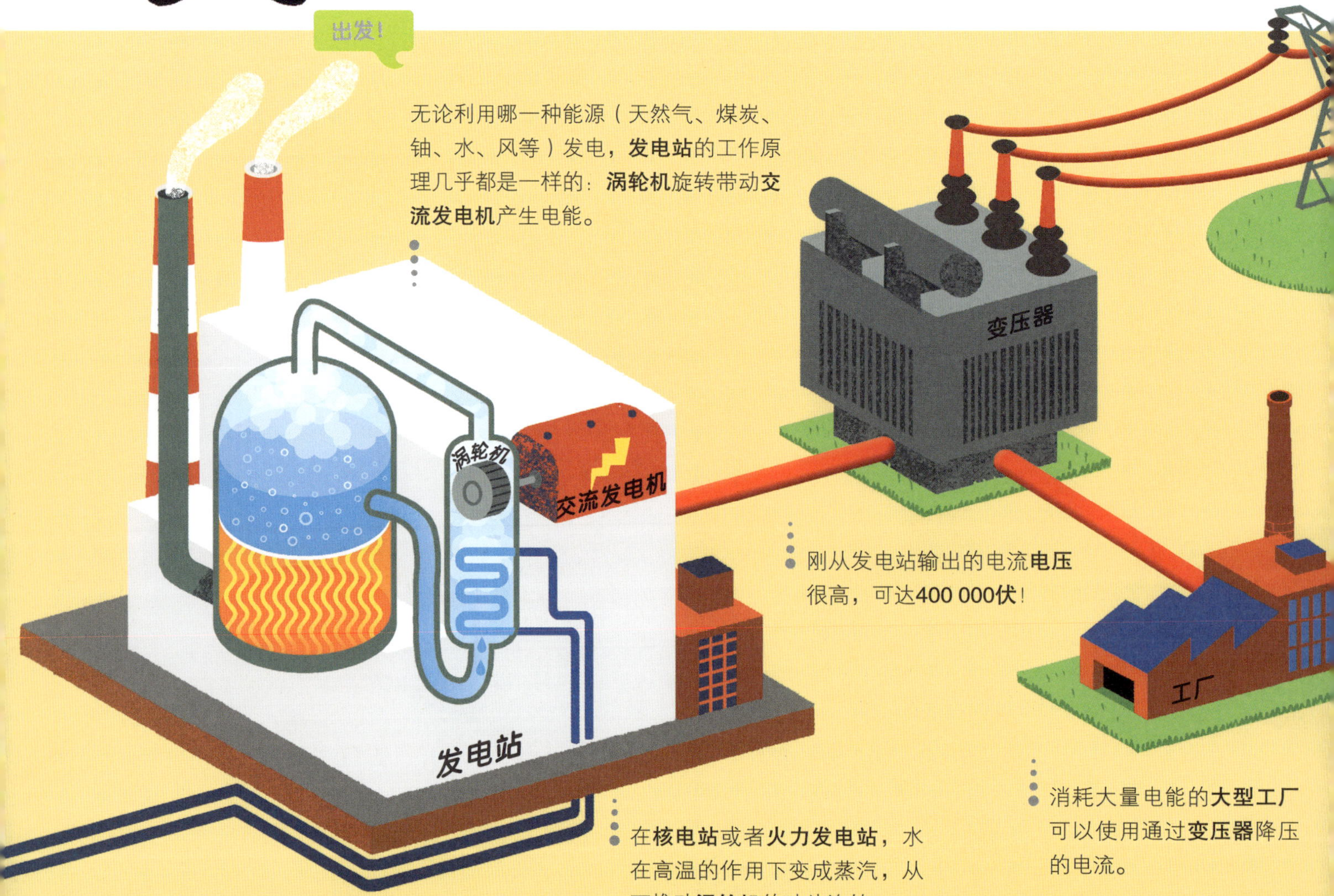

刚从发电站输出的电流**电压**很高，可达**400 000伏**！

在**核电站**或者**火力发电站**，水在高温的作用下变成蒸汽，从而推动**涡轮机**的叶片旋转。

消耗大量电能的**大型工厂**可以使用通过**变压器**降压的电流。

变压器可以降低电流的**电压**，之后电流通过**中压电缆**与**低压电缆**传输。

工程师们一直在观察电力生产与电力消耗之间是否**平衡**。在天气特别寒冷的时候，他们会要求发电站提高发电量，以避免可能出现的电力短缺现象。

当电压降到**220伏**时，电流便能进入**千家万户**，供家用电器使用了。

电能无法大量储存，只能立即通过**输电塔**之间的**高压电缆**传输出去。

断路器能够保护家中的电路设施。有了它，电流就可以安全地进入**千家万户**了。一旦出现问题，它就会自动切断电路，阻止电流的传输。

电表记录了家用电器的耗电量。

天然气输送

在部分国家，使用天然气热水器洗个热水澡、使用天然气灶煮一碗热腾腾的面条或借助天然气采暖早已经成为**再寻常不过**的事情。几乎所有的建筑（住宅、办公楼和工厂等）内都有**天然气管道**。这种日常生活中必不可少且能够为我们提供方便的**能源**其实是从**地下开采**出来的，而且它常常来自距离我们几千公里之遥的某个地方。那么，天然气到底来自何方，又是怎么输送的呢？

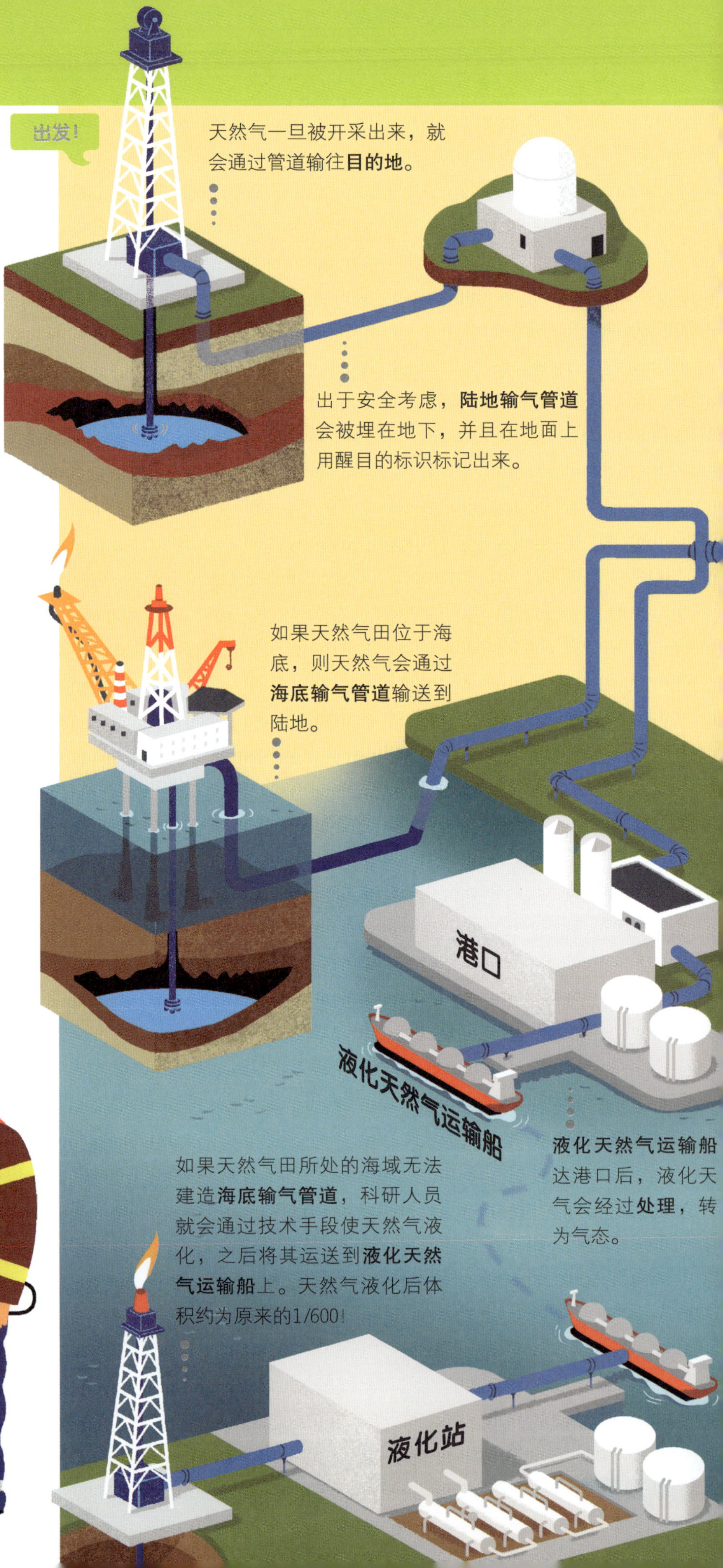

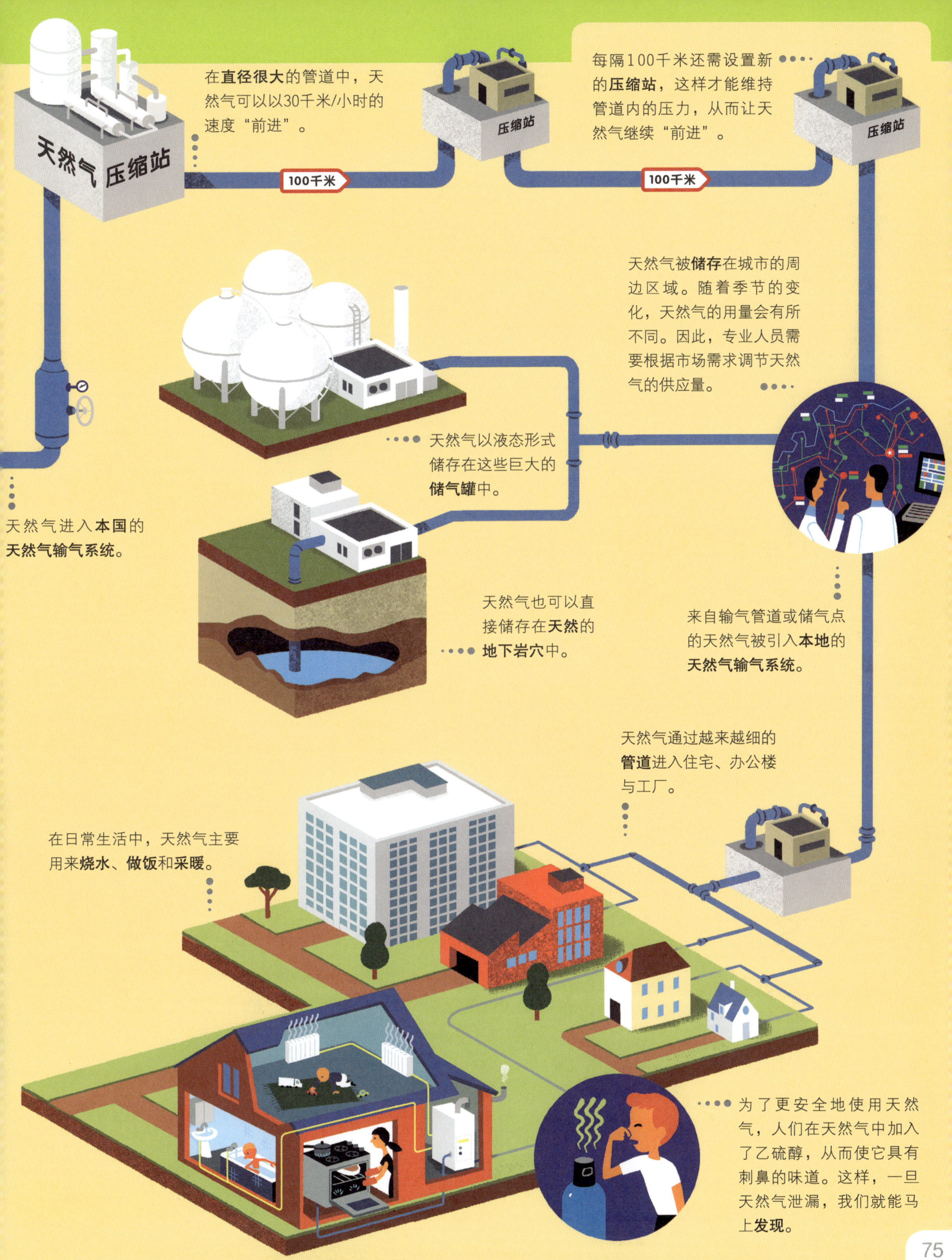

在**直径很大**的管道中，天然气可以以30千米/小时的速度“前进”。

每隔100千米还需设置新的**压缩站**，这样才能维持管道内的压力，从而让天然气继续“前进”。

天然气被**储存**在城市的周边区域。随着季节的变化，天然气的用量会有所不同。因此，专业人员需要根据市场需求调节天然气的供应量。

天然气以液态形式储存在这些巨大的**储气罐**中。

天然气进入**本国**的**天然气输气系统**。

天然气也可以直接储存在**天然**的**地下岩穴**中。

来自输气管道或储气点的天然气被引入**本地**的**天然气输气系统**。

天然气通过越来越细的**管道**进入住宅、办公楼与工厂。

在日常生活中，天然气主要用来**烧水**、**做饭**和**采暖**。

为了更安全地使用天然气，人们在天然气中加入了乙硫醇，从而使它具有刺鼻的味道。这样，一旦天然气泄漏，我们就能马上**发现**。

建筑工地

修建住宅是一项神圣的工作！**开发商**得到一块土地后，**建筑师**就着手绘制**设计图**，然后有专人选择优质平价的**建筑材料**。在有些国家，**设计图**完成之后，甚至都无须等到动工，开发商就可以开始出售这些“纸上”的房子。等到房子建成后，业主就可以搬进来了！

一栋楼房的诞生

1 **建筑师**莉丝贝特为**开发商**拉乌先生绘制出建筑**设计图**。这是一座10层的楼房，她向**工地主管**塞普瑞安详细描述了整个工程的进度计划。在施工过程中，后者需要在工地负责相应的监督和管理工作。

2 首先，打好**地基**。工人用挖土机在地面上挖掘出一个基坑，然后往基坑里倒钢筋混凝土。在用钢筋混凝土浇筑的**地基**上修建的楼房非常稳固。

3 然后，挖一些**沟渠**用于铺设电缆、煤气管道与水管。

4 **瓦工**用砖块或砌块砌墙，并利用**混凝土搅拌机**里搅拌好的石灰水泥浆将它们黏合起来。

5 几位负责人每周开一次**工地会议**。会上拉乌、莉丝贝特与塞普瑞安一起讨论与工程相关的事宜及一些突发情况。由于施工前预订的地板价格暴涨，他们决定更换供应商。

6 高楼层上使用的金属梁与混凝土砖是**塔吊司机**用**塔吊**吊上去的。**塔吊司机**需要在几十米甚至几百米的高空进行高空作业，有恐高症的人可干不了这项工作！

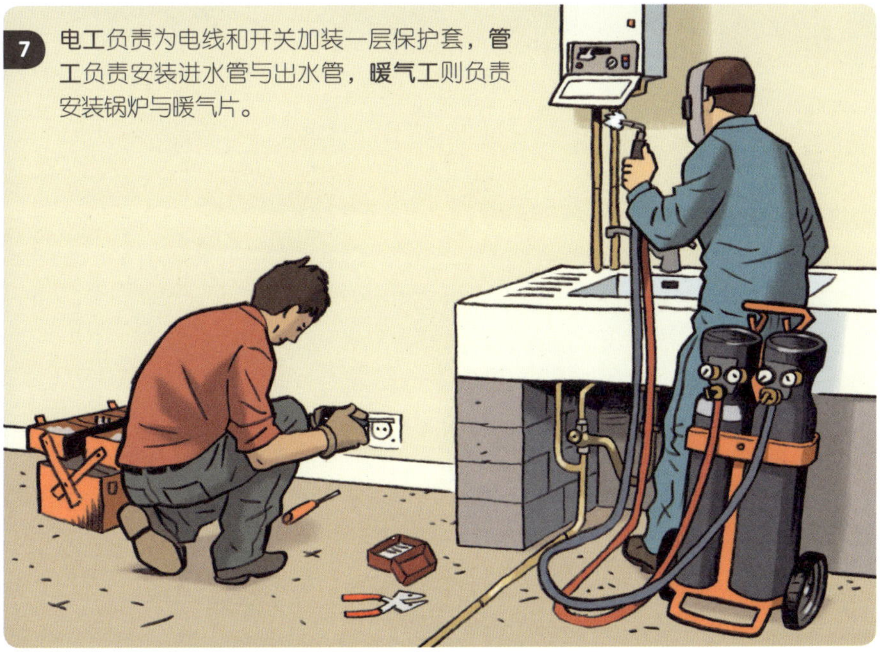

7 **电工**负责为电线和开关加装一层保护套，**管工**负责安装进水管与出水管，**暖气工**则负责安装锅炉与暖气片。

8 在业主搬入新家之前，**粉刷工**要把墙壁粉刷好。

超级市场

如今在法国，有1 500多家**超级市场**（简称“超市”）以及规模更大的**商场**。我们可以在那里买到食品、服装、玩具、书籍、家用工具以及自行车等商品。那么，人们是如何管理超市（有些超市还位于**郊区**）中**成千上万种**商品的呢？

贝尔尚超市里什么都有！

1 露西是贝尔尚超市的一名**专柜负责人**，负责玩具销售。她熟悉玩具架上的所有商品，所以在顾客选购时能够为其提供合理的建议。在一些特殊的日子里，例如圣诞节和万圣节，她还会举办一些促销活动。

2 如果玩具制造商们想要在贝尔尚集团下属的超市里销售玩具，就必须先联系贝尔尚集团的**采购中心**，因为贝尔尚超市里的每一件商品都由**采购中心**的**采购员**统一订购。**采购员**既要关注商品的质量，也要关注商品的价格。

3
唐吉经营一家专门生产木制玩具的工厂，他想在贝尔尚超市出售自己工厂生产的玩具，以便赚取更多利润。由于他们生产的玩具很新颖，所以在经过了漫长的谈判后，贝尔尚集团采购中心的玩具部负责人与唐吉签订了合同。
4
唐吉的工厂生产的玩具无法与大品牌的玩具抗衡，因为后者有充足的资金支持，不但可以进行大规模的广告宣传，还可以进行诸如“第二件特价”之类的促销活动。
5
一些大品牌的负责人纷纷找露西商谈，希望他们的商品能在货架上占据最好的位置——这一点很重要，因为醒目的位置能够让销量翻倍！
6
放在通道入口处的商品的销量会比放在其他位置的商品高很多。要想占据这个绝佳的位置，生产厂商必须向超市额外支付一笔费用。可对唐吉来说，这笔费用太高了。
7
露西会时时查看商品的库存情况。一旦某件商品的库存不足，她就会马上联系采购中心或生产厂家，让他们尽快把商品送到超市。商品断货的情况是绝对不能发生的，因为这是顾客最讨厌的事情！
8
一个星期之后，唐吉供给超市的玩具快要卖完了。超市立即联系唐吉，增加了订单。同时，唐吉也向采购中心推荐了自己工厂生产的新玩具。

法式餐厅

一说精致的菜单、高档的红酒、贴心的服务和优雅的环境，我们就会想到**法式餐厅**。**法式餐厅**是由顶级**主厨**掌勺并供美食爱好者享用美食的商业场所。**主厨**不但亲自负责各种食材的**采购**，而且还负责管理厨师和学徒等。每年，美食评论家们都会在美食杂志上给一些优秀的**法式餐厅**评分。

为美食爱好者服务

1 薇尔吉尼是工坊之魂美食餐厅的**主厨**。每天早上，她都去市场为其构思的各种美味佳肴挑选最好的食材。

2 上午，**备料厨师**托尼清洗并处理好所有的肉、鱼和蔬菜，使它们能够直接被使用，然后将它们放入冷藏室中保存。

3
中午，客人们来了！**大堂经理**丹尼斯迎接客人并帮助他们点菜。**侍酒师**毛里斯则向客人们推荐与食物搭配的葡萄酒。
4
丹尼斯将第一份**菜单**送到了厨房：8号桌点了两份鹅肝汤佐羊肚菌鸡肉。
5
动作必须快！薇尔吉尼监督着厨房里的一举一动。**学徒**拿出预热好的盘子，托尼将鸡肉递给了**烤肉师**，后者负责肉类的烤制。
6
调味师里雷是制作酱汁的专家，他要为8号桌的客人制作鹅肝汤。
7
菜单一份接一份地来了。**甜点师**布鲁诺用喷火枪制作焦糖芒果，托尼则去冷藏室里取龙虾。
3份焦糖芒果！
8
薇尔吉尼监督着每道菜的制作过程，并不时地向厨师们提供建议，另外她还负责检查每一道即将**上桌**的菜品。一切都必须完美无缺！

快餐店

现代意义上的第一家快餐店诞生于20世纪50年代的美国，如今已经遍布全世界。快餐店里的食物，如汉堡、薯条、可乐和冰激凌等，格外吸引**年轻人**。这是因为快餐店不仅可以提供**快速**而优质的服务以及相对便宜的食物，还可以让客人选择**堂食**或外带。据统计，法国人每天会吃掉100万个汉堡。为了让顾客满意，快餐店里的食材都提前准备好了！

欢迎光临吉米快餐店！

1 早上6点，一辆满载食物的货车停在吉米快餐店门口。供应商**每周**向吉米快餐店送**两次**货。

2 **新鲜食材**（如沙拉、酸奶和面包等）的保质期只有4天。快餐店**经理**马克西姆根据去年同期的销量来订购食材。这样做能够避免浪费，不然多余的食材只能被扔掉。

3 冷冻薯条与肉类可以在**冷冻库**里长时间保存。

4 顾客下单之后，厨房里的员工便开始制作汉堡。为了保证新鲜，工作人员不可以提前制作食物！

5 马克西姆很注意餐厅的**卫生**，每天都要检查炸薯条用油的质量，还规定员工每小时至少洗一次手。

6 在公司总部，**领导层**决定推出一款新套餐。从下周开始，每一位购买新套餐的顾客都可以免费得到一张电影票——这肯定会吸引很多顾客！

7 马克西姆又向供应商们下了大批**订单**。绝对不能出现断货的情况！

我们的世界

联合国

第二次世界大战之后，51个国家希望建立一个更公正、更和平的新世界，于是联合国便应运而生。这个组织的职责是解决国家间的冲突，维护国际**和平**与**安全**，发展国家间的友好关系，促进**人权**发展，同时也要消除不平等和贫穷等现象。这是一个伟大的计划，但实施起来并没那么容易！

大会

193个会员国的代表齐聚于此，讨论**人类**面临的各种**问题**，并且通过投票的方式**进行表决**。无论贫穷还是富有，在这里，每个**会员国**都可以发表自己的意见。

例如，大会号召所有国家携手解决海洋生物种类日益减少的问题。

经济及社会理事会

该机构从事**研究**活动并提出建议以促进**会员国**的经济和社会**发展**。

联合国的其他机构

这些**机构**的职能是提高**会员国**人民的生活水平。

联合国儿童基金会旨在保护儿童的权利（健康、教育和安全等方面的权利）。

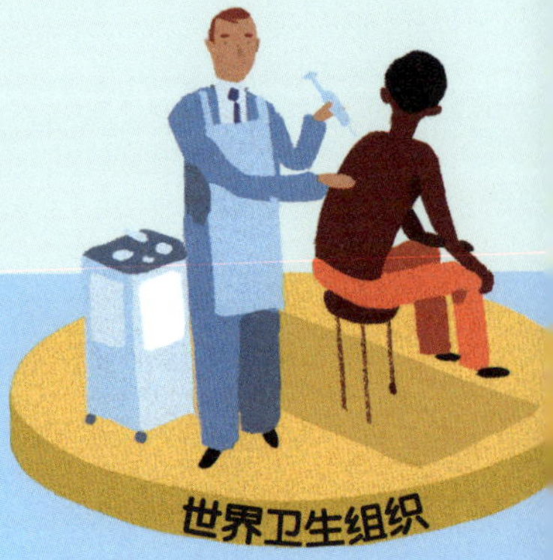

世界卫生组织旨在与疾病做斗争（普及健康知识和改善公共卫生等）。

安全理事会

该机构由**15个理事国**组成。当某个地区的和平受到威胁时，各**理事国**代表便会聚到一起商讨相应的对策。中国、法国、俄罗斯、英国与美国是**常任理事国**。另外10个**非常任理事国**由大会选举产生，任期两年。

例如，安全理事会可以向某个地区派出联合国维和部队，以维护该地区的和平。

秘书长

秘书长不仅要组织和协调联合国**不同机构**的工作，还要努力**呼吁各国**和平解决国内和国际**争端**。

例如，秘书长对某国新任总统推行的改革措施表示欢迎。

国际法院

该机构的职能是依照国际法**解决国际争端**，并就正式认可的联合国机关和专门机构提交的法律问题提供咨询意见。

例如，两个长期存在边界纠纷的国家可以将争端提交给国际法院仲裁。

联合国难民事务高级专员公署简称“**联合国难民署**”，该机构的职能是在世界范围内保护难民和解决难民问题。

国际货币基金组织的职能之一是帮助贫穷国家发展经济和抵御金融危机。

联合国教育、科学及文化组织简称“**联合国教科文组织**”，它的职能之一是保护儿童接受教育的权利。

欧洲联盟

1957年，欧洲有6个国家签订了建立欧洲经济共同体的条约，目的是**维持**彼此间的**和平关系**、**促进交流**和**提高**人民的**生活水平**。1993年，欧洲经济共同体演化为欧洲联盟（简称“欧盟”），如今其成员国已增至28个。欧盟通过**几大机构**——欧洲理事会、欧盟委员会、欧盟理事会与欧洲议会等——来维持其运行。法案的构思、起草和表决都离不开这些机构的参与，也与成员国中的每一位居民都息息相关。

欧洲理事会

由**28个成员国**的**国家元首**或**政府首脑**以及**欧盟委员会主席**组成。该机构每年至少召开两次会议来决定**大政方针**，尤其是外交政策。

欧盟委员会

由**28位委员**（每个**成员国**选派一名委员）组成，委员的任期为5年。该机构负责向欧洲议会和欧盟理事会提出**法案**并负责欧盟各项法律文件的贯彻执行。

欧盟委员会代表**欧盟**的利益。

欧盟理事会

由**28位理事**（每个**成员国**选派一位部长级代表）组成。理事会主席由每个**成员国**轮流担任，任期为6个月。该机构负责确保法案符合每个**成员国**的国情，且每个**成员国**都实施该法案。

欧盟理事会代表每个欧盟**成员国**的利益。

在某个**成员国**境内生产的**商品**可以在其他27个**成员国**出售，并且没有**关税**。

有18个**成员国**的居民使用**欧元**这一统一货币，这促进了欧元区各**成员国**之间的**交流**。

共同农业政策鼓励农民种植优质、廉价、高产的农作物。

欧盟的每一位**公民**都可以在任何一个**成员国**定居、学习和工作，并且享有同当地居民一样的**权利**！此外，他还可以参与当地的市政选举投票。

一条欧盟法律的诞生

欧洲议会

766位议员（由欧盟**成员国**的**公民**直接选出）组成了欧洲议会，议员的任期为5年。欧洲议会负责**投票通过**或**否决**欧盟委员会提出的法案。

欧洲议会代表欧盟**公民**的利益。

❶欧盟委员会提出了一项让工厂的废气排放量减少40%的法案。

❷该法案经欧洲议会投票通过后交由欧盟理事会审核。

❸欧盟理事会认为废气排放量减少40%将减缓成员国的经济增长速度，要求重新确定需要减少的废气排放量。

❹欧洲议会与欧盟理事会都同意了修订后的法案。

❺一条新的法律将在欧盟的每个成员国实施：工厂的废气排放量必须减少30%。

公平贸易

如今，很多国家的公民都可以买到各种各样的**公平贸易商品**，如服装、食品、文具和家具。在商店里，此类商品上大多印有公平贸易**标签**。**公平贸易运动**于20世纪60年代初具规模，但直到最近几年才得到迅猛的发展。它是一种简单、灵活、有利于经济长远发展的社会运动，所有人——生产者、销售者、消费者——以及我们的地球都可以从中受益！

乔斯是秘鲁一家**可可种植园**的**种植园主**。

他同意向工人支付**合理的工资**，而且承诺绝不雇佣童工。

他**拒绝**使用会危害环境的**有毒产品**。

尼古拉是**可可进口商**，为古可公司服务，该公司在欧洲建立了生产巧克力的工厂。

他拒绝与**中间商**合作，因为后者会以极低的价格从生产者手里收购可可。

他**直接**从生产者或生产联盟那里收购可可。

弗朗索瓦是彼得·迪卡**独立事务所**的工作人员。这个事务所负责协助产品进行公平贸易认证。

他的工作是确认生产者是否从进口商那里分到了**合理**的**利润**。

他还要确认生产者提供给市场的是否是**高质量**的**产品**。

乔斯同意拿出一部分利润来支持**城市**的**发展**（建设学校、医院、道路等）。

他还会与媒体**沟通**，通过**媒体**让普通民众了解什么是公平贸易商品。

儒勒购买了印有公平贸易标签的巧克力。该产品经过**认证**，其生产者也得到了较高的收入，所以它的价格要比同类产品贵一些。但是，它的品质**更好**，因为在其生产过程中没有过量使用化学产品。

他给出**合理**的**收购价**并提前付款。这样生产者就可以用这笔钱来发展生产，比如购买新农具。

教堂

通常情况下，每个星期日，天主教信徒都会来到社区的教堂，参加由一位或几位神父主持的**弥撒**。在一个多小时的时间里，信徒会聆听圣道、祷告、唱圣歌和领圣体。而作为上帝与信徒之间的沟通桥梁，神父还可以在**洗礼**、**婚礼**或**葬礼**仪式上举行弥撒。

十字架是**基督教**的信仰标记，它使人们铭记耶稣为救赎人类而被钉死在十字架上。

圣水钵是用来盛放圣水的，信徒会用手指蘸圣水，然后在胸前画十字。

殿堂是教堂最主要的部分，信徒都在殿堂里参加弥撒仪式。

教堂里有华丽的彩绘**玻璃窗**、精美的壁画与栩栩如生的雕像。

圣器室是神父用来存放仪式所需的服装和器具的地方。

祭坛是神父主持仪式的地方。在中间的**祭台**上，神父正在主持**领圣体**仪式。

大部分教堂的平面呈**十字形，坐西朝东**。信徒走进教堂时面向光明，背向黑暗。

圣龛是教堂内用于保存圣体的小柜子。

洗礼仪式中会用到**洗礼盆**。神父将圣水倒在受洗人的额头上，代表他获得了新生。

在**领圣体**仪式中，麦面饼与葡萄酒象征着耶稣的身体与血。

信徒唱完圣歌、做完祷告后，诵读《圣经》和聆听圣道。

然后，神父宣读《圣经》中的经文。

接着，神父向信徒宣讲道理和解释经文。

最后，信徒**领圣体**，也就是吃**圣体饼**（一种不含酵母的麦面饼）。这一刻象征着耶稣与门徒们一起吃最后一顿晚餐。

清真寺

清真寺（也称礼拜寺）是伊斯兰教信徒——穆斯林——做礼拜和集会的地方，设有礼拜殿，有些还有教读《**古兰经**》的**学校**。此外，清真寺里通常还有喷泉、庭院、花园以及其他大殿。清真寺是仿照伊斯兰教先知穆罕默德的住所建造的。穆斯林于每周五（主麻日）在清真寺举行宗教仪式（包括礼拜）。

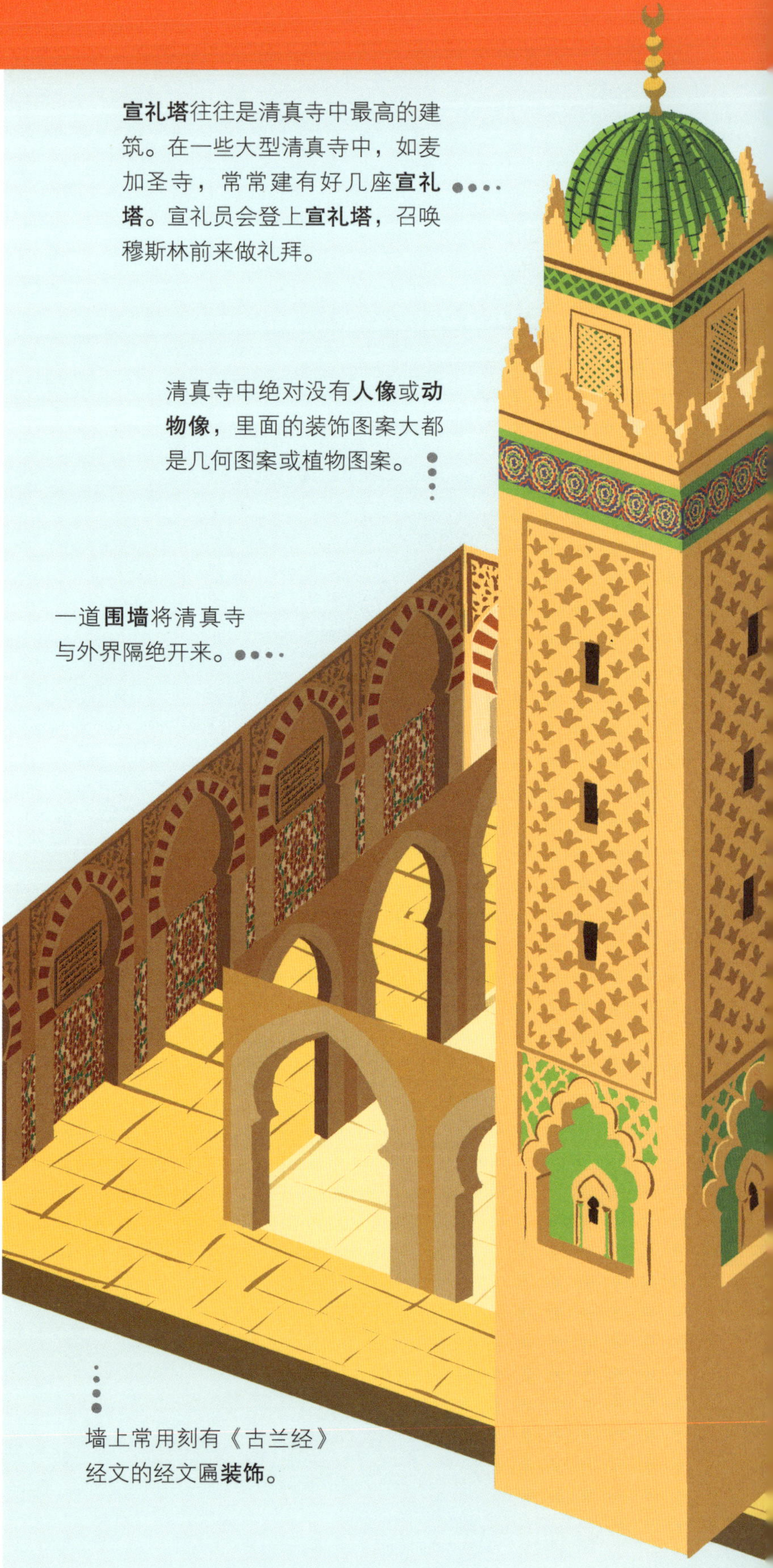

宣礼塔往往是清真寺中最高的建筑。在一些大型清真寺中，如麦加圣寺，常常建有好几座**宣礼塔**。宣礼员会登上**宣礼塔**，召唤穆斯林前来做礼拜。

清真寺中绝对没有**人像**或**动物像**，里面的装饰图案大都是几何图案或植物图案。

一道**围墙**将清真寺与外界隔绝开来。

墙上常用刻有《古兰经》经文的经文匾**装饰**。

柜子里放着《**古兰经**》。

有的**礼拜殿**中有木栏或隔间，用来隔开男女信徒。

礼拜殿后墙中间有一处凹壁，叫作**“米哈拉布”**，朝向麦加圣寺里的**克尔白**。

在**礼拜殿**的墙壁边，有一座带阶梯的高台，领拜人就站在高台上面带领信徒诵读《古兰经》。

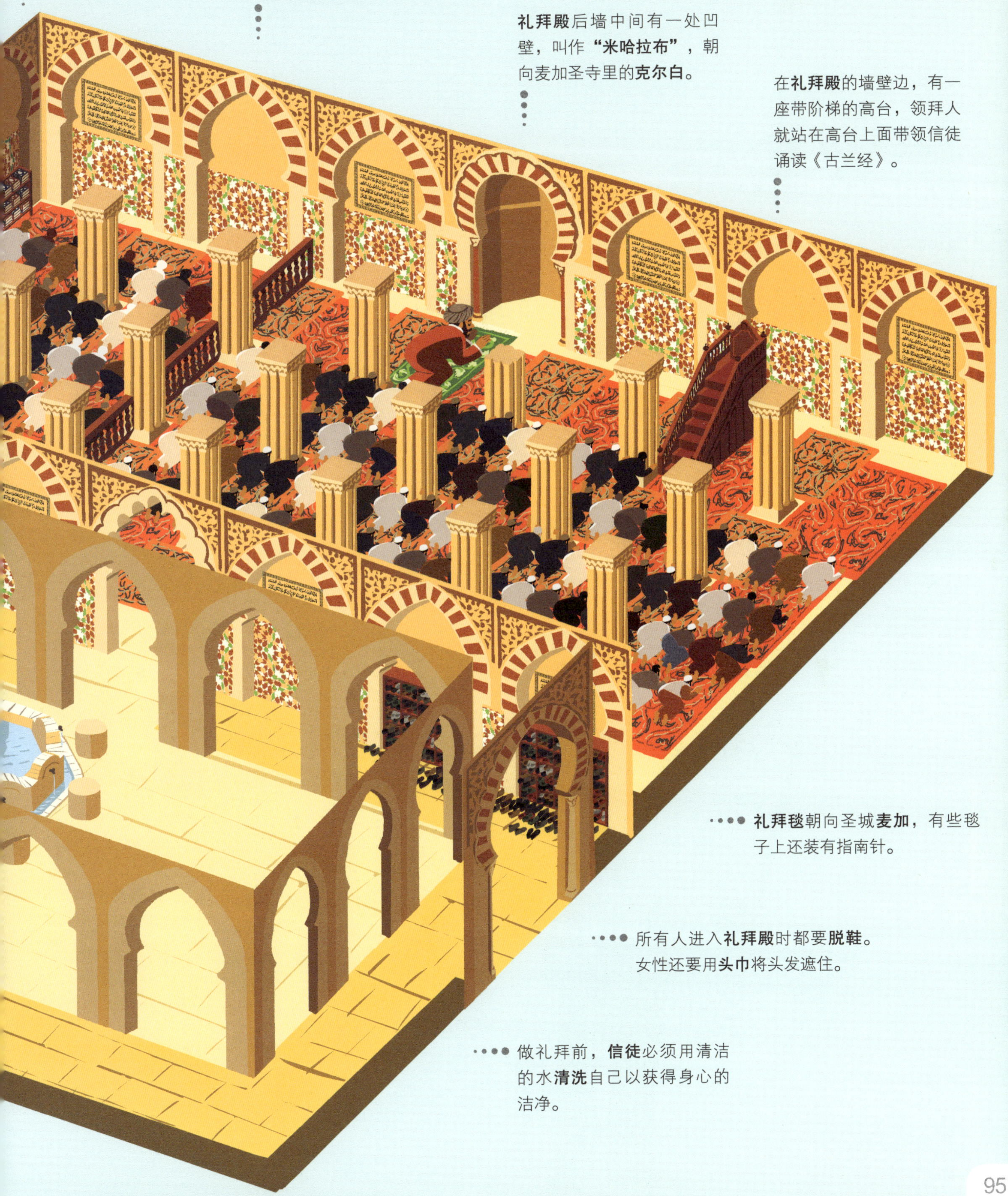

礼拜毯朝向圣城**麦加**，有些毯子上还装有指南针。

所有人进入**礼拜殿**时都要**脱鞋**。女性还要用**头巾**将头发遮住。

做礼拜前，**信徒**必须用清洁的水**清洗**自己以获得身心的洁净。

犹太会堂

犹太会堂是犹太教徒**祈祷**、**集会**与**学习**的地方。犹太会堂有各种不同的建筑形式，但通常都设有一个**大殿**。教徒在会堂中祈祷、学习**《摩西五经》**以及举行重要仪式。有时，会堂里还有几个比较小的房间，用于教徒与**拉比**一起学习犹太教的经典。

教徒在会堂内男女分座，有些会堂内甚至设有专门为女性设置的楼台。

犹太会堂的**大殿**通常都朝向**耶路撒冷**。

犹太教的**拉比**负责**主持**许多宗教仪式，同时也负责传授与解释犹太教的教义。

大卫之星相传是古代大卫王的盾牌。如今，我们还能在以色列的国旗上看到大卫之星的图案。

圣约柜中存放着《**摩西五经**》卷轴。对犹太人而言，这个柜子非常神圣。

犹太会堂里还会放置**七杈烛台**。

《**摩西五经**》讲述了犹太民族的历史。此外，它还是法律汇编。

会堂中间的**讲经台**上放着一张铺有花边绒布的大桌子。拉比站在**讲经台**上为教徒们诵读《**摩西五经**》。

成年的男性犹太教徒每天早晨、下午和傍晚必须各祈祷一次，而且不能独自祈祷，必须10人以上一起祈祷。祈祷时，男性教徒需要戴一项**小圆帽**，以示对上帝的尊敬。